David Clarke

Stolpersteine

POCKET THEMA

Cornelsen
SCRIPTOR

Der Autor

David Clarke ist Brite. Nach langjähriger Tätigkeit als Englischlehrer an deutschen Gymnasien arbeitet er jetzt als Schulbuchautor. Er ist Autor zahlreicher Lehrwerke und Übungsprogramme.

Cornelsen online http://www.cornelsen.de

Gedruckt auf chlorfrei gebleichtem Papier ohne Dioxinbelastung der Gewässer.

Die Deutsche Bibliothek – CIP-Einheitsaufnahme

Clarke, David:
Wörterbuch der Stolpersteine: Englisch / David Clarke. –
Berlin : Cornelsen Scriptor, 2002
(Pocket Thema)
ISBN 3-589-21793-6

Dieses Werk berücksichtigt die Regeln der reformierten Rechtschreibung und Zeichensetzung.

5.	4.	3.	2.	1.	Die letzten Ziffern bezeichnen
06	05	04	03	02	Zahl und Jahr der Auflage.

Redaktion: Gregor Rauh, Berlin
Satz und Herstellung: FROMM MediaDesign GmbH, Selters/Ts.
Umschlaggestaltung: Bauer + Möhring, Berlin, unter Verwendung eines Fotos von photonica, Hamburg
Druck und Bindearbeiten: Clausen & Bosse, Leck
Printed in Germany
ISBN 3-589-21793-6
Bestellnummer 217936

Inhalt

Vorwort

Dieser Band ist ein schnelles Nachschlagewerk für den alltäglichen Gebrauch des Englischen. Jene Eigenarten des Englischen, über die deutsche Muttersprachler am häufigsten stolpern, werden hier leicht zugänglich und verständlich alphabetisch erschlossen. Ob beruflich, privat, beim Verfassen englischer Texte oder in der Schule – hier erhalten Sie schnell und zuverlässig Auskunft.

Damit Sie schnell finden, was Sie suchen, haben wir so weit wie möglich übergeordnete Einträge vermieden: So gibt es z.B. keine langen Listen zu unregelmäßigen Verben. Sie finden diese und andere Stolpersteine in alphabetisch gelisteten Einzeleinträgen. Sehr hilfreich für die Umsetzung des Gefundenen sind die englischen Beispielsätze, die nahezu jeden Eintrag ergänzen.

Der Band bietet solche thematischen Einträge, die man oft vergebens sucht, z. B. **Berufsbezeichnungen** (S. 15-18), die wichtigsten **Redewendungen** (deutsch: S. 28-37; englisch: S. 41-44) und v. a. die tückischen **falschen Freunde** (S. 45-49).

Die alphabetische Auflistung der Einträge wird durch zahlreiche Querverweise ↗ verwoben. Wenn wir Sie auf etwas besonders aufmerksam machen wollen, haben wir dieses Symbol verwendet: [!]

Folgende Abkürzungen wurden verwendet:

AE – amerikanisches Englisch
BE – britisches Englisch
UK – *United Kingdom* (England, Wales, Schottland, Nordirland)
sb./sth./swh. – somebody/something/somewhere;
jmd./jmdn./jmdm. – jemand/jemanden/jemandem
everyb./ everyth. – everybody/everything

Wir haben versucht, im Register v.a. solche Begriffe aufzunehmen, die keinen eigenen Eintrag in der alphabetischen Auflistung haben.

A

a/an – Der unbestimmte Artikel

Da der unbestimmte Artikel im Englischen häufiger als im Deutschen benutzt wird, ist die Weglassung von *a/an* ein bedeutender Stolperstein. Hier sind die wichtigsten Abweichungen, die man sich einfach merken muss:

My sister is ***a train driver****.* – vor **Berufsbezeichnungen**
Meine Schwester ist Zugführerin.

Is Mel Gibson ***an Australian****?* – vor **Nationalitäten**
Ist Mel Gibson Australier?

Ann has become ***a muslim****.* – vor **Religionszugehörigkeit**
Ann ist Muslima geworden.

Lenin was ***a communist****.* – vor **politischer Überzeugung**
Lenin war Kommunist.

These tomatoes are £1.50 ***a bag****.* – vor **Mengenangaben**
Diese Tomaten sind £1.50 pro/der Beutel.

How much is this cable ***a metre****?* – vor **Maßangaben**
Was kostet dieses Kabel pro/der Meter?

Tim only earns £2 an hour. – vor **Zeitangaben**
Tim verdient nur £2 pro/die Stunde.
We work 35 hours ***a week****.*
Wir arbeiten 35 Stunden pro/die Woche.

Watch out! Elly uses her bag ***as a weapon****.* – nach ***as***
Pass auf! Elly benutzt ihre Handtasche als Waffe.

Beachten Sie die Wortstellung:
nach ***half***, ***quite*** und ***such*** – *I arrive in about* ***half an*** *hour.* Ich komme in ungefähr **einer halben** Stunde an.
Titanic *is* ***quite a*** *boring film.*
Titanic ist **ein ziemlich** langweiliger Film.
How could you be ***such an*** *idiot?*
Wie konntest du **so ein** Idiot sein?

! Anders als bei den deutschen Entsprechungen, benutzen wir im Englischen *a/an* in den folgenden **geläufigen Wendungen**:

Ben's always ***in a hurry***. Ben ist immer in Eile.
The game ***came to an end*** *at 5*. Das Spiel ging um 5 Uhr zu Ende.
I ***have a headache***. Ich habe Kopfschmerzen.
Do you ***have a temperature****?* Hast du Fieber?
Have a wash *before you eat*. Wasch Dich bevor du isst.
Can I ***have a bath/shower***. Kann ich mich duschen/baden?
The boys ***made a noise***. Die Jungen machten Lärm.
Take a seat*, please*. Nehmen Sie bitte Platz.
As a rule *we eat at home*. In der Regel essen wir zu Hause.
Always see things ***as a whole***. Betrachten Sie die Dinge immer als Ganzes.
Can we eat out ***for a change****?* Können wir zur Abwechslung auswärts essen?
She's been here ***for a long time***. Sie ist hier lange Zeit.
He spoke ***in a loud voice***. Er sprach mit lauter Stimme.
You can't work ***without a break***. Ohne Pause kann man nicht arbeiten.
What a pity *we missed you*. Wie schade, dass wir Dich verpasst haben.

abstimmen über *We'll* ***vote on*** *the motion now.* ↗ Verb + Präposition-Verbindungen

abuse als Verb: beschimpfen; missbrauchen (auch sexuell) – als Nomen: Beschimpfung; Missbrauch (auch sexuell) ↗ *misuse*, leicht verwechselbare Wörter 1

admit zugeben *Ben never* ***admits making*** *a mistake.* ↗ Verb + Verb-Verbindungen

Adjektive und Adverbien *adjectives and adverbs*

Adjektive beschreiben Dinge oder Menschen. Adverbien be-

schreiben Tätigkeiten. Wir müssen dies hier unterscheiden, da im Englischen Adjektive meistens eine andere Form haben als Adverbien. Das kennen wir im Deutschen nicht, daher kommen wir hier oft ins Stolpern:
Das Haus ist **schön**. *The house is **beautiful**.*
Das hast du **schön** gemacht. You did that ***beautifully***.

Adverbien enden also meist **auf** ***-ly***.

Es gibt auch ein paar tückische Ausnahmen, nämlich Adjektive mit der Endung ***-ly***. Am wichtigsten sind: *cowardly* feige – *friendly* freundlich – *lively* lebhaft – *lovely* schön – *silly* albern – *ugly* hässlich:
*Nick is **a friendly guy**.* Nick ist ein freundlicher Kerl.
*Look at **that ugly house**.* Schau Dir das hässliche Haus an.
Wenn wir aber beispielsweise sagen wollen, dass jemand freundlich lächelt, müssen wir die Ergänzung ***in (such) a … way*** oder ggf. eine geeignete Umschreibung benutzen:
*Jane smiled **in a friendly way**.* Jane lächelte freundlich. NICHT … ~~*smiled friendly*~~
*Ben often behaves **in a silly way**.* Ben benimmt sicht oft albern. NICHT … ~~*behaves silly*~~
Oder: *Ben **is often silly**.* Ben ist oft albern.

Die Wörter *daily*, *weekly*, *monthly* und *yearly* sind als Adjektive **und** Adverbien **unverändert**:
*I always buy **a daily paper**.* Ich kaufe immer eine Tageszeitung.
*This magazine **appears monthly**.* Diese Zeitschrift erscheint monatlich.

Adverbstellung *position of adverbs*

Die Adverbstellung ist ein Stolperstein, da sie vom deutschen Gebrauch stark abweichen kann. Folgende Grundregeln bieten eine verlässliche Hilfe.

1 **Adverbien der Art und Weise** *adverbs of manner* (z. B. *beautifully*, *quickly*, *well*) stehen unmittelbar **hinter dem Verb**:
*Magdalena Kožená sings **beautifully**.*

2 Die **Satzadverbien** (*whole-sentence adverbs*), die einen ganzen Satz bestimmen, stehen am **Satzanfang**: *all in all* alles in allem – *as a rule* in der Regel – *fortunately/luckily* glücklicherweise – *broadly/generally speaking* im Allgemeinen – *maybe/perhaps* vielleicht – *naturally* natürlich – *obviously* offenkundig – *on the whole* im Großen und Ganzen – *unfortunately* leider.

! Im Deutschen wechseln nach Satzadverbien das Subjekt (Wir/*we*) und das Verb (kommen/*come*) die Position im Satz. Im Englischen nicht:
Wir kommen zu eurer Party. Natürlich kommen wir!
We will come to your party. Of course we will come!

3 **Ortsadverbien** (*adverbs of place*) und **Zeitadverbien** (*adverbs of time*) stehen am **Satzende** in der Reihenfolge **Ort vor Zeit**. Dies ist leicht zu merken, da O steht vor Z im Alphabet:
We are going ***to Italy at Easter***. Wir fahren nach Ostern nach Italien.
Gibt es auch ein Adverb der Art und Weise, dann lautet die Reihenfolge 1) **Art und Weise**, 2) **Ort**, 3) **Zeit**:
Ann recovered ***quickly*** *(1)* ***in Bad Elster*** *(2)* ***after her illness*** *(3).*
Ann hat sich nach ihrer Krankheit in Bad Elster schnell erholt.

advice (Rat, Ratschlag, Beratung) ist im Englischen ein nicht zählbares Nomen. Es muss daher zählbar „gemacht werden" mit der Wendung *a piece of.*
I want ***a piece of advice*** *in this matter.* Bei dieser Sache hätte ich gerne einen Ratschlag.
↗ *advice/advise*, leicht verwechselbare Wörter, 4; ↗ zählbare und nicht zählbare Nomen

! Bei den drei Wortpaaren unten (*advice/advise, licence/license* und *practice/practise)* enden die **Nomen** auf ***-ice*** und die **Verben** auf ***-ise***. Dies gilt aber nur für britisches Englisch. Im amerikanischen Englisch gibt es nur **eine**

Schreibweise für *practice* und *license*, ob Nomen oder Verb.
*advice – Get a lawyer's **advice** before signing the contract.* – Rat
*advise – The doctor **advised** me to take a long holiday.* – beraten

*licence – Ben has lost his driving **licence** for six months.* – (hier: Führer-)Schein, Erlaubnis, Konzession
*license – You are not **licensed** to hunt for animals. – zulassen, lizensieren*

*practice – You need a lot of **practice** to play the violin well.* – Übung
*practise – My neighbour **practises** the piano all night.* – üben

***advise** on* beraten – *John **advises** us **on** tax questions.* ↗ Verb + Präposition-Verbindungen

afford sich etwas leisten – *We can't **afford to take** a holiday this year.* ↗ Verb + Verb-Verbindungen

agree to zustimmen – *I can't **agree to** that idea.*
agree with zustimmen – *Ann always **agrees with** the boss.* ↗ Verb + Präposition-Verbindungen

aircraft *Flugzeug* ↗ unregelmäßiger Plural, 2

Akademiker/in *graduate* ↗ falsche Freunde

aktuell *current* ↗ falsche Freunde

all und ***everybody*** Das Wort *all* allein kann nicht statt *everybody* benutzt werden:
***All the customers** left the shop.* – ***Everybody** left the shop.*
NICHT: ~~All~~ *left …*

all in all alles im allem ↗ Adverbstellung

allow erlauben ↗ Verb + Verb-Verbindungen

a lot of/some – more – most Die Mengenangabe *a lot of/some* wird mit *more/most* **allein** gesteigert:
Benno is making ***a lot of/some noise****, but the dog next door is making* ***more noise*** *than he is*. Benno macht viel Lärm, aber der Hund neben an macht noch mehr als er.

Anreden
Beginnen Sie alle **Briefe** und **Faxe** mit einer **Anrede** (*salutation*). Besonders bei **Geschäftsbriefen** gibt es formelle Konventionen, die unbedingt berücksichtigt werden müssen. Die erste Regel – wie übrigens zunehmend im deutschen Sprachraum – lautet: „Wenn Sie den Namen der anderen Person kennen, dann benutzen Sie ihn auch.“, z. B. ***Dear Ms King*** oder ***Dear Mr Snow*** (vgl. ↗ *Mr/Mrs/…*). Im Englischen wird nicht unterschieden zwischen der Anrede „Lieber …“ und „Sehr geehrter …“, in beiden Fällen lautet die englische Anrede „Dear …“.

Wenn Sie den **Vornamen** der anderen Person normalerweise benutzen, z. B. am Telefon oder in E-Mails, dann benutzen Sie ihn auch in Briefen und Faxen, z. B. ***Dear Diana*** oder ***Dear Ben***. Sonst könnten Sie als unfreundlich verstanden werden.

Wenn Sie den Namen der anderen Person nicht kennen, dann benutzen Sie die unpersönliche Anrede ***Dear Sir or Madam***.
↗ Briefgestaltung; ↗ Grußformeln (Briefe)

! Bei **Leserbriefen** (*readers' letters, letters to the editor*) ist die Verwendung von *Dear* nicht mehr üblich. Beginnen Sie den Brief einfach mit ***Sir or Madam***.
↗ *Mr/Mrs …*

anschauen, ansehen *Just* ***look at*** *that poor man!* ↗ Verb + Präposition-Verbindungen

Anschriften ↗ E-mail-Anschriften; ↗ Postanschriften; ↗ Website-Anschriften

announce ankündigen, bekannt geben

Anrede ↗ *Mr/Mrs …*

apologise for entschuldigen – *I **apologise for** my remarks.* ↗ Verb + Präposition-Verbindungen

Apostroph ↗ 's/'

approve of billigen, gutheißen – *I don't **approve of** such behaviour.* ↗ Verb + Präposition-Verbindungen

arbitrate (einen Streit) schlichten ↗ *arbitrate/mediate*, leicht verwechselbare Wörter, 1

aren't wie in *No, they aren't.* statt *No, they're not.* ↗ Kurzformen

Artikel ↗ *a/an …* und ↗ *the …*

as a rule in der Regel ↗ Adverbstellung

as … as/not as … as, than Wollen wir die Eigenschaften von Personen oder Sachen miteinander vergleichen, haben wir die folgenden Möglichkeiten:
Ist Ben **genauso** nett **wie** sein Bruder? *Is Ben **as** nice **as** his brother?*
Sandra arbeitet **nicht so** hart **wie** Beate. *Sandra does **not** work **as** hard **as** Beate.*
Mein Handy war billiger **als** deins. *My cellphone was cheaper **than** yours.*

Kein Unterschied (genauso … wie): ***as … as*** NICHT ~~so … as/how~~

Unterschied (nicht so … wie): ***not as … as*** NICHT ~~not so … as/how~~
Unterschied (mehr/weniger … als): ***more/less … than*** NICHT ~~more/less … as~~

ask In der Bedeutung „jmd. bitten etwas zu tun“: *to ask somebody to do something*
Jane ***asks Amy to do*** *the shopping.* Jane bittet Amy, den Einkauf zu machen.
Can I ***ask you to come*** *an hour earlier?* Darf ich Sie bitten, eine Stunde früher zu kommen?

ask for bitten um – *Can you* ***ask for*** *the bill, please?* ↗ Verb + Präposition-Verbindungen

at
Für den Gebrauch von Präpositionen wie *at* gibt es im Englischen kaum zuverlässige Regeln. Aus diesem Grund gehören diese – insbesondere *at, in* und *on* – zu den größten Stolpersteinen überhaupt. Daher: **Lernen Sie Präpositionen immer als Teil einer festen Wendung.** ↗ *in*; ↗ *on* ↗ Geschäftsnamen

Wendungen mit *at*: eine „Minimalliste“

Zeit (time)
at Christmas/Easter/… – zu Weihnachten/Ostern/…
at 23 (years of age) – mit 23 (Jahren)
at 5 o'clock – um 5 Uhr
at mealtimes – bei Mahlzeiten
at lunch time – in der Mittagszeit
at tea-time – am späten Nachmittag (Teezeit)
at noon/midnight – um Mittag/Mitternacht
at breakfast/lunch/… – beim Frühstück/Mittagessen/…
at the/this/that time – zu der/dieser/jener Zeit
at all times – jederzeit
at first sight – auf den ersten Blick

at the weekend/at weekends – am Wochenende
at night – bei Nacht
at the moment – im Moment
at once – sofort
at one time – früher
at present – zur Zeit, jetzt
at times – gelegentlich

Ort
at the station – am Bahnhof
at the bus stop – an der Bushaltestelle
at the baker's/butcher's/… – beim Bäcker/Fleischer/…
at the doctor's/chemist's/…- beim Arzt/Apotheke/…
at my parents' (home) – bei meinen Eltern
at my sister's/Ben's/… party – auf meine Schwesters/Bens/ … Fete
at 18 Albert Road – in der Albert Road 18
at a meeting – bei einer Sitzung
at a concert – in einem Konzert
at table – am Tisch
at hand – zur Hand

Sonstige Anwendungen
at €2 – für €2
at last – endlich
at least – mindestens
at most – höchstens
not at all – keineswegs, überhaupt nicht
at any rate – zumindest
at first – zunächst
at first sight – auf den ersten Blick

auslachen *Ben simply* ***laughed at*** *me.* ↗ Verb + Präposition-Verbindungen

ausleihen *Jane* ***lent*** *this CD* ***to*** *me.* ↗ Verb + Präposition-Verbindungen

avoid vermeiden – *The truck just **avoided hitting** our house.* ↗ *avoid/evade*, leicht verwechselbare Wörter, 1; ↗ Verb + Verb-Verbindungen

award Auszeichnung, Preis; eine Auszeichnung/einen Preis verleihen

B

bad, badly ↗ unregelmäßige Steigerung

baggage Gepäck ↗ zählbare und nicht zählbare Nomen, *baggage/luggage*

be/have/do
Diese drei Verben werden einerseits wie **Vollverben** gebraucht:
*They **are** German tourists.* Sie **sind** deutsche Touristen.
*We **have** three children.* Wir **haben** drei Kinder.
*I **do** my work at once.* Ich **erledige** meine Arbeit sofort.

Andererseits aber auch wie **Hilfsverben**:
– Bildung der Verlaufsform
*I **am going** home now.* Jetzt gehe ich nach Hause.
*She **was waiting** in the car* Sie wartete im Auto.

– Bildung des Passivs
*This car **was made** in 1898.* Diese Auto wurde 1898 gemacht.

– Bildung der Perfekt-Zeiten
*The visitors **have arrived**.* Die Besucher sind angekommen.
*Unfortunately, the bus **had left**.* Leider war der Bus schon weg.

– Ersatzverb, Verneinung
*Ann **did not like** the film.* Ann mochte den Film nicht.

– Ersatzverb, Fragen
***Does** Ben Harper **live** here?* Wohnt Ben Harper hier?

be able to ↗ *can/could*

be allowed to/not be allowed to ↗ *can/could*; ↗ *may*; ↗ *must/needn't*; ↗ *mustn't*

become – *became* – *become* werden, NICHT bekommen ↗ falsche Freunde

begin – *began* – *begun* anfangen ↗ Verb + Verb-Verbindungen

Begrüßung ↗ Umgangsformen

bekommen *get* ↗ falsche Freunde

believe in glauben an – *Do you **believe in** God?* ↗ Verb + Präposition-Verbindungen

belong to gehören – *The leather coat **belongs to** my wife.* ↗ Verb + Präposition-Verbindungen

bend – *bent* – *bent* biegen, beugen

beraten *John **advises** us **on** tax questions.* ↗ Verb + Präposition-Verbindungen

Berufe, Berufsbezeichnungen

Abgesehen von akademischen Berufen, gibt es in Deutschland inzwischen fast 400 Berufe mit eigener Bezeichnung, eigenen Tätigkeitsfeldern und Ausbildungsgängen. In der englischsprachigen Welt haben viele dieser Berufe keinen eigenen Namen oder genaue Entsprechung. Trotzdem wird die folgende Liste in den allermeisten Fällen weiterhelfen.

Allgemeinarzt/-ärztin/-mediziner/-in *general practitioner ('GP'), family doctor*
Apotheker/-in *pharmacist*
Arzt/Ärztin *doctor, physician*

Arzthelfer/-in *practice nurse*
Außendienstmitarbeiter(in) Verkauf: *sales representative,*
Außenhandelskaufmann/-frau *export clerk*
Bademeister/-in *swimming-pool attendant*
Bankkaufmann/-frau *bank clerk*
Bauarbeiter/-in *building/construction worker*
Beamter/-in in Uniform: *officer*, Verwaltung: *official*
Berufsberater/-in *vocational adviser*
Berufsschullehrer/-in *vocational school teacher*
Betriebswirt/-in *graduate in business management*
Chefsekretär/-in *executive secretary*
Chirurg/-in *surgeon*
Dachdecker/-in *roofer*
Drogist/-in BE: *chemist*, AE: *druggist*
Einzelhandelskaufmann/-frau *retail clerk*
Elektriker/-in *electrician*
Elektroinstallateur/-in *electrical fitter*
Elektromechaniker/-in *electromechanic*
Elektrotechniker/-in *electrical technician*
Entbindungspflegerin *midwife*
Ergotherapeut/in *ergonomic therapist*
Erzieher/-in *kindergarten teacher*
Facharzt/-ärztin für ... Privatpraxis: *specialist in ...*, Krankenhaus: *consultant in ...*
Fachkaufmann/-frau für Einkauf/Materialwirtschaft *purchasing clerk*
Feuerwehrmann/-frau *fire fighter*
Finanzberater/-in *financial adviser/consultant*
Fliesenleger/-in *tiler, floor-layer*
Florist/-in *florist*
Flugbegleiter/-in *flight attendant*
Förderlehrer/in *remedial teacher*
Fremdsprachenkorrespondent/-in *bilingual/multilingual clerk*
Fremdsprachensekretärin *bilingual/multilingual secretary*
Friseur/-in Frauen: *hairdresser*, Männer: *hairdresser, barber*
Fußpfleger/-in *chiropodist*

Gesamtschullehrer/in BE: *comprehensive (high) school teacher*, AE: *high school teacher*
Glaser/-in *glazier*
Grenzschutzbeamter/-in *border/frontier guard*
Großhandelskaufmann/-frau *wholesale clerk*
Grundschullehrer/-in BE: *primary school teacher*, AE: *elementary school teacher*
Gymnasiallehrer/in *grammar school teacher*
Gymnastiklehrer/-in *gymnastics/physical education ('PE') instructor*
Hauptschullehrer/in *secondary (modern) school teacher*
Hausmeister/-in BE: *caretaker*, AE: *janitor*, *supervisor*
Immobilienkaufmann/-frau BE: *estate agent's/agency clerk*, AE: *real estate clerk*
Immobilienmakler/-in BE: *estate agent*, AE: *real estate agent*
Industriekaufmann/-frau *clerk in industry*
Informatiker/-in *computer scientist*
Ingenieur/-in engineer, mit Diplom: *graduate engineer*
Innenarchitekt/-in *interior designer*
Justizvollzugsbeamter/-in *prison warder*
Kassierer/-in *cashier*
Kaufmann/-frau im Außenhandel *export clerk*
Kaufmann/-frau im Einzelhandel *retail clerk*
Kaufmann/-frau im Großhandel *wholesale clerk*
Kellner/-in männl.: *waiter*, weibl.: *waitress*
Klempner/-in *plumber*
Kosmetiker/-in *beautician*
Kraftfahrzeugmechaniker/-in *automotive mechanic*
Krankengymnast/-in *physiotherapist*
Krankenpfleger *male nurse*
Krankenschwester/-pflegerin *nurse*
Kriminalbeamter/-in *plain-clothes officer*
Kundendienst: *service technician*
Laborant/-in *lab/laboratory assistant*
Maurer/-in *bricklayer*
Modeschneider/-in Herrenmode: (*bespoke*) *tailor*, Damenmode: *fashion dressmaker*

Monteur/-in *fitter*
Personalfachmann/-frau *personnel/human resources clerk*
Pfleger/-in *carer*
Polizist/-in *police officer*
Realschullehrer/in *secondary school teacher*
Rechtsanwaltsfachangestellte(r) *legal clerk*
Rechtspfleger/-in *official with judicial powers*
Redakteur/-in *editor*
Regisseur/-in Film, Theater: *director*, Funk, Fernsehen: *producer*
Reiseverkehrskaufmann/-frau *travels agent's/agency clerk*
Sanitäter/-in *paramedic*
Schneider/-in Herrenmode: *tailor*, Damenmode: *dressmaker*
Sonderschullehrer/in *special school teacher*
Sozialarbeiter/-in *social worker*
Steuerberater/-in *accountant*
Tankwart/-in BE: *filling-station/pump attendant*, AE: *gas-station attendant*
Tierarzt/-ärztin *vetinary surgeon* (*'vet'*)
Tierarzthelfer/-in *vet's assistant*
Tischler/-in *joiner, cabinet-maker*
Verkäufer(in) *sales assistant/person*
Versicherungskaufmann/-frau *insurance clerk*
Werbekaufmann/-frau *advertising agent's/agency clerk*
Wirtschaftsprüfer/-in *auditor*
Zahnarzt/-ärztin *dentist*
Zahnarzthelferin *dental nurse*
Zahntechniker/-in *dental technician*
Zimmerer/-in *carpenter*

bestimmte Mengen *definite quantities*
Unter **bestimmte Mengen** verstehen wir nicht nur **Maßeinheiten** wie *kilo*, *litre*, *mile* („Meile") und *inch* („Zoll"), sondern auch **Verpackungensarten** wie *bag* („Beutel"), *box* („Schachtel") und *crate* („Kiste") sowie **Teilungsarten** wie *bit* („Bisschen"), *piece* („Stück") und *slice* („Scheibe").

Beachten Sie diese Unterschiede zwischen Deutsch und Englisch:

*ten litres **of** petrol* zehn Liter Benzin
*2.5 centimetres **of** rain **an** hour* 2,5 Zentimeter Regen pro Stunde
*50 kilometres **an/per** hour* 50 Stundenkilometer

*a bag **of** apples* ein Beutel Äpfel
*a packet **of** tea* eine Packung Tee
*ten bottles **of** wine* zehn Flaschen Wein

*a bit/piece **of** cake* ein bisschen/Stück Kuchen – *bit* ist informeller als *piece*
*a helping/portion **of** potatoes* eine Portion Kartoffeln – *helping* ist informeller als *portion*
*a slice **of** ham* eine Scheibe Schinken
↗ zählbare und nicht zählbare Nomen; ↗ Maßeinheiten

bet – *bet* – *bet* wetten

big/large, great Normalerweise benutzen wir *big/large* bei der Bezeichnung von „Fassbarem“ (Gegenstände, Personen). *Big* ist das informelle Allerweltswort für „groß“ und passt fast immer. *Large* ist etwas formeller als *big* und bezeichnet selten Personen, wird dagegen oft bei Größen- und Mengenangaben verwendet:
*His trousers need to be a **size larger**.* Seine Hose ist eine Nummer zu klein.

Redewendungen: ***by and large*** – im Großen und Ganzen; ***at large*** – im Allgemeinen

G*reat* bezeichnet oft Größe im übertragenen nicht physikalischen Sinn. Häufige Übersetzungen von *great* sind z. B. berühmt, großartig, wichtig, namhaft.
*Napoleon was possibly a **great man**, but he was not a **big man**.*
Napoleon war möglicherweise ein großartiger, aber kein großer Mann.

*It is difficult to park **big/large cars**.* Es ist schwierig, große Autos zu parken.

billigen, gutheißen *I don't **approve of** such behaviour.* ↗ Verb + Präposition-Verbindungen

binoculars Fernglas ↗ Paarwörter

bite *– bit – bitten* beißen

Bitte
Als Antwort auf „Danke": ***You're welcome.*** oder ***Don't mention it.*** informell: ***That's okay.***
Beim Weitergeben von etwas („Bitte sehr."): ***Here you are.*** oder ***Here you go.***
Das fragende „Bitte?" einer Bedienung: ***Can I help you?***, ***What can I do for you?*** Restaurant: ***What can I get you?***
Ich hätte eine Bitte. ***Could you do me a favour?***
jmd. um etw. bitten ***to ask sb. for sth.***

bitten um *Can you **ask for** the bill, please?* ↗ Verb + Präposition-Verbindungen

blow *– blew – blown blasen*

sich blamieren *make a fool of oneself*, formeller: *disgrace oneself*, NICHT *blame* ↗ falsche Freunde

borrow (sich etwas aus-) leihen ↗ *borrow/lend*, leicht verwechselbare Wörter, 1

brav *well-behaved*, *good*, im Sinne von „bieder": *plain* – NICHT *brave* ↗ falsche Freunde

break *– broke – broken* brechen, kaputt machen

Briefgestaltung

Geschäftsbriefe

In dem englischsprachigen Raum gibt es **keine** einheitlichen Vorschriften zur Briefgestaltung. Daher können Sie getrost das deutsche DIN-Format auch für englischsprachige Briefe verwenden. ↗ Postanschriften

Trotzdem wird die linksbündige amerikanische ***block form*** wegen ihre Benutzerfreundlichkeit überall im englischsprachigen Raum immer beliebter. Daher ist sie heutzutage die gängigste internationale Form geworden. Hier ist ein Beispiel der *block form*:

The Wheel People Limited
32-34 Chester Road . Manchester . M22 4BB . UK
Tel 0044 (0)161 458830 . **Fax** 0044 (0)161 458840
E-Mail info@wheels.co.uk . Internet www.wheels.co.uk

Saxonia-Radtechnik GmbH Robert-Koch-Straße 18 D-04277 Leipzig	**Empfängeranschrift** ↗ Anschriften
2 May 20..	**Datum** ↗ Datum
Your ref:/Our ref:	**Bezugszeichen**
Dear Sir or Madam	**Anrede** ↗ Anreden
Offer	**Betreffzeile** ! **nach** der Anrede

Thank you for your inquiry of 30 April, and we are pleased to send you the following offer:
(…)

Thank you for your interest in our products and we look forward to hearing from you in due course.

Yours faithfully	**Grußformel** ↗ Anreden
Joshua Clarke	**Unterschrift**
Joshua Clarke Export Sales	
cc: Marketing	**Verteiler**
Enc: Terms and conditions of business	**Anlagen**

Privatbriefe
Was die Gestaltung von Privatbriefen betrifft, gibt es keine einheitlichen Regeln. Typisch ist aber, dass die Anschrift des Absenders oben rechts steht, mit dem Datum unmittelbar darunter, z. B.:

> 24 Manor Road
> Bungay, Suffolk
> NR35 1RU
>
> 6th June 20..
>
> Dear Jane,
> Thanks a lot for all your news, which we both found very interesting. It was great to hear that the new job is going so well, and that you're enjoying life in Berlin. How is your German coming on? I expect ...

briefs Slip, Unterhose ↗ Paarwörter

bring – *brought* – *brought* (hin)bringen ↗ *bring/take*, leicht verwechselbare Wörter, 1

broadly speaking allgemein gesprochen ↗ Adverbstellung

Brüche *fractions* ↗ Zahlen, 4

Buchstabieren *spelling*
Wollen Sie am Telefon den Namen von Personen, Produkten usw. buchstabieren, können Sie entweder das **englische Alphabet** (*ay*, *bee*, *see*, ...) oder – in schwierigeren Fällen – das **internationale Alphabet der Luftfahrt** (*International Aviation Alphabet*) benutzen.
Beispiel:
A: *What was the name again?*
B: *Röttger*
A: *Can you spell that, please?*

B: *Sure. It's* ***are – oh umlaut – double tee – gee – ee – are****, okay?*
A: *Fine, but let's just check that.* ***Romeo – Oscar with an umlaut – Tango – Tango – Golf – Echo – Romeo****, right?*

Letter – spelling – International Aviation Alphabet

A – *ay* – Alpha
B – *bee* – Bravo
C – *see* – Charlie
D – *dee* – Delta
E – *ee* – Echo
F – *eff* – Foxtrot
G – *gee* – Golf
H – *aytch* – Hotel
I – *eye* – India
J – *jay* – Juliette
K – *kay* – Kilo
L – *ell* – Lima
M – *emm* – Mike
N – *enn* – November
O – *oh* – Oscar
P – *pee* – Papa
Q – *queue* – Quebec
R – *are* – Romeo
S – *ess* – Sierra
T – *tee* – Tango
U – *you* – Uniform
V – *vee* – Victor
W – *double-you* – Whisky
X – *ex* – X-ray
Y – *why* – Yankee
Z – *zed* – Zulu

build – *built* – *built* bauen

buy – *bought* – *bought* kaufen

by ↗ von

by and large – im Großen und Ganzen

C

can/could
Wir benutzen *can*, um **Fähigkeit** (*ability*), **Erlaubnis** (*permission*) und **Bitten** (*requests*) auszudrücken: ↗ Modalverben

Jane ***can sing*** *well.* Jane kann gut singen. – Fähigkeit

*You **can go** home now.* Jetzt könnt Ihr nach Hause gehen. Erlaubnis
***Can I park** here?* Kann ich hier parken? – Bitte

▶ Möchten wir eine **Möglichkeit** ausdrücken, benutzen wir *could*:
*We **could meet** on Sunday.* Wir könnten uns Sonntag treffen.

Beachten Sie diese Besonderheiten, die viele Stolpersteine darstellen:

▶ Reden wir über eine **Fähigkeit in der Vergangenheit**, verwenden wir *could* oder *was/were able to*:

*Ben **could ski/was able to ski** well before his accident.* Vor seinem Unfall konnte Ben gut Ski fahren.

▶ Reden wir aber über eine **Erlaubnis in der Vergangenheit**, benutzen wir *was/were allowed to*:

*I **was allowed to leave** hospital after an hour.* Nach einer Stunde konnte ich das Krankenhaus verlassen.

▶ Um über etwas **in der Zukunft** zu sprechen, haben wir die folgenden Möglichkeiten:

Fähigkeit: *can* mit zukünftiger Bedeutung oder *will/won't be able to*: *We **can't go/won't be able to go** on holiday next summer.* Nächsten Sommer können wir nicht in Urlaub fahren.

Erlaubnis: *can* mit zukünftiger Bedeutung oder *will/won't be allowed to*: ***Can we go/Will we be allowed to go** home early next Friday?* Können wir am nächsten Freitag früh nach Hause gehen?

catch *– caught – caught* fangen

Chef *boss* ↗ falsche Freunde

child Kind ↗ unregelmäßiger Plural, 1

Chinese Chinese/Chinesin ↗ unregelmäßiger Plural, 2

choose – *chose* – *chosen* wählen – *Nobody* ***chooses to become*** *homeless.* ↗ Verb + Verb-Verbindungen

close Adverb mit zwei Formen und Bedeutungen:
He lives ***close*** *to his work-place.* Er wohnt **nahe bei** seinem Arbeitsplatz.
They looked at my papers ***closely***. Sie sahen sich meine Papiere **genau** an.

come – *came* – *come* kommen

complain of klagen über – *Ann* ***complained of*** *a headache.* ↗ Verb + Präposition-Verbindungen

confess to gestehen – *The man has* ***confessed to*** *the murder.* ↗ Verb + Präposition-Verbindungen

consider überlegen, etwas in Erwägung ziehen – *Have you* ***considered asking*** *a lawyer?* ↗ Verb + Verb-Verbindungen

continual ständig ↗ *continual/continuous*, leicht verwechselbare Wörter, 3

continue fortsetzen ↗ Verb + Verb-Verbindungen

continuous unaufhörlich ↗ *continual/continuous*, leicht verwechselbare Wörter, 3

cost – *cost* – *cost* kosten

could have ↗ *if*-Sätze

cowardly feige ↗ Adjektive auf *-ly*

cut – *cut* – *cut* schneiden

D

damage Schaden, ***damages*** (nur Mehrzahl) im juristischen Gebrauch: Schadenersatz ↗ zählbare und nicht zählbare Nomen

Datum *date*
Wochentage (Abkürzungen), Monate (Abkürzungen), Jahreszeiten
Monday (Mon) – Tuesday (Tues) – Wednesday (Weds) – Thursday (Thurs) – Friday (Fri) – Saturday (Sat) – Sunday (Sun)

January (Jan) – February (Feb) – March (Mar) – April (Apr) – May (-) – June (Jun) – July (Jul) – August (Aug) – September (Sept) – October (Oct) – November (Nov) – December (Dec)
spring (Frühling) – *summer* (Sommer) – *autumn* (Herbst) – *winter* (Winter)

! Setzen Sie **keinen Punkt** – z. B. ~~Mon.~~, ~~Oct.~~ – nach **Abkürzungen**.

! Die Namen von **Wochentagen** (*Monday*, *Tuesday*, …) und von **Monaten** (*January*, *February*, …) werden immer groß schreiben. **Jahreszeiten** dagegen werden klein geschrieben:
The next meeting is on Tuesday, 11 August.
We never go on holiday during the summer. We prefer the spring.

Bei der Angabe von Daten unterscheiden wir zwischen der Schreibweise und der Aussprache.
Wir schreiben:
Please reserve a single room for Ms Alison Fox from 29 June to 4 July.
Wir sagen:
Could you please reserve a single room for Ms Alison Fox from the twenty-ninth of June to the fourth of July?

dauernd/weiter(**hin**) Die englischen Entsprechungen dieser Ausdrücke sind *keep on* + *-ing*-Form („etwas dauernd tun“) und *go on* + *-ing*-Form („etwas weiterhin tun“):
Sein Hund bellt mich **dauernd** an. *His dog* ***keeps on barking*** *at me.*
Wenn Ben **weiterhin** so viel trinkt, wird Jane ihn verlassen. *If Ben* ***goes on drinking*** *so much, Jane will leave him.*

deal – *dealt* – *dealt* handeln

deal with kümmern um – *Can you* ***deal with*** *this fax?* ↗ Verb + Präposition-Verbindungen

decide entscheiden – *Ben* ***has decided to leave*** *school.* ↗ Verb + Verb-Verbindungen

delay verschieben, verzögern – *Frank* ***delays paying*** *bills until he has to.* ↗ Verb + Verb-Verbindungen

deliver liefern, zustellen

Demonstrativpronomen *demonstrative pronouns* ↗ *this/these, that/those*

deny verneinen, leugnen – *John* ***denies cheating*** *in the test.* ↗ Verb + Verb-Verbindungen

describe beschreiben

desinteressiert ↗ falsche Freunde

deutsche Berufsbezeichnungen *the names of German occupations* ↗ **Berufe**

deutsche Ortsnamen usw. auf Englisch ↗ **Ortsnamen**

Deutsche Wendungen *German idioms*

das **A und O** – *the be-all and end-all*
jmdn. **abblitzen** lassen – *to give sb. the brush-off, to snub sb.*
abgebrüht sein – *to be thick-skinned*
ein **Abklatsch** von etwas sein – *to be a rehash of sth.*
aufs **Abstellgleis** geschoben werden – *to be put in a backwater*
etwas in einem **Abwasch** machen – *to do sth. in one go*
ständig auf **Achse** sein – *to always be on the go/move*
jmdn. **achtkantig** hinauswerfen – *to chuck/throw sb. out*
sich aus der **Affäre** ziehen – *to wriggle out of one's responsibilities*
so sicher wie **das Amen in der Kirche** sein – *to be as sure as eggs are eggs*
nichts **anbrennen** lassen – *to not let the grass grow under one's feet*
etwas auf **Anhieb** tun – *to do sth. at first attempt/shot*
jmdn. **anpumpen** – *to cadge money off sb.*
jmdn. **anschwärzen** – *to put the finger on sb., to tell tale on sb.*
Anstoß an etwas nehmen – *to take offence at sth.*
jmdn. zu etwas **anstiften** – *to put sb. up to sth.*
etwas für n'**Appel und n'Ei** kaufen/verkaufen – *to buy/sell sth. for a song*
sich den **Arsch aufreißen** – *to work one's balls/arse off*
ein **Arschkriecher** sein – *to be a bootlicker/brown nose*
zu dick **auftragen** – *to be/go over the top*
etwas **ausbaden** müssen – *to have to face the music/take the rap*
sich wie die **Axt im Walde** benehmen – *to behave like a bull in a china shop*
aus der Bahn geworfen werden – *to lose one's way, to be thrown off balance*
mit harten **Bandagen** kämpfen – *to fight with no holds barred*
etwas auf die lange **Bank** schieben – *to put sth. into cold storage/on the back burner*

jmdm. einen **Bärendienst** leisten – *to be more of a hindrance than a help to sb.*
schwer von **Begriff** sein – *to be slow on the uptake*
mit dem falschen **Bein** aufstehen – *to ge out of bed on the wrong side*
schnell/sofort **beleidigt** sein – *to easily/immediately take offence*
über den **Berg** sein – *to be out of the woods*
eine schöne **Bescherung** sein – *to be a fine mess*
ein **Bild für die Götter** sein – *to be a sight for sore eyes*
von der **Bildfläche** verschwinden – *to vanish into thin air*
auf einem anderen **Blatt** stehen – *to be a different story*
kein **Blatt vor den Mund** nehmen – *to not pull one's punches*
ein **Blitz aus heiterem Himmel** sein – *to be a bolt out of the blue*
null **Bock** auf etwas haben – *to not fancy doing sth.*
böhmische Dörfer sein – *to be double Dutch*
ein **Bombengeschäft** machen – *to do a roaring trade*
ein **Brett vorm Kopf** haben – *to have a mental blackout/ blockage*
ein harter **Brocken** sein – *to be a tough nut to crack*
die **Bude auf den Kopf stellen** – *to turn the place upside down*
der **Buhmann** sein – *to be the scapegoat/whipping-boy*
etwas unter **Dach und Fach** bringen – *to get sth. sown up*
einen **Dachschaden** haben – *to have a screw loose/a loose screw*
die **Decke** fällt jmdn. auf den Kopf – *to be sick of these four walls*
mit jmdm. unter einer **Decke** stecken – *to be hand in glove with sb.*
einen **Dickkopf** haben – *to be pig-headed*
auf **Draht** sein – *to be on one's toes*
sich einen **Dreck** um etwas scheren – *to not give a damn about sth.*
jmdn. wie den letzten **Dreck** behandeln – *to treat sb. like the lowest of the low*

aus dem gröbsten **Dreck** heraus sein – *to be over the worst*
sich wegen jedes **Drecks** aufregen – *to get worked up over every piddling little thing*
etwas auf den letzten **Drücker** machen – *to do sth. at the very last minute*
mit allem **Drum und Dran** – *with all the trimmings*
ein **Duckmäuser** sein – *to be a moral coward*
keinen blassen **Dunst** haben – *to not have the faintest/ slightest idea*
wie eine kalte **Dusche** sein – *to be like a slap in the face*
an allen **Ecken und Kanten** – *right down the line, at every turn*
jmdn. wie ein rohes **Ei** behandeln – *to treat sb. with kid gloves*
sich gleichen wie ein **Ei** dem anderen – *to be as alike as two peas in the pod*
im **Eimer** sein – *to be down the drain*
sich etwas **einbrocken** – *to let oneself in for sth.*
ein heißes **Eisen** sein – *to be a hot potato*
das **Ende der Fahnenstange** erreichen – *to be at the end of one's tether*
erstunken und erlogen sein – *to be a pack of lies*
keinen guten **Faden** an jmdm. lassen – *to not have a good word to say for sb.*
ins **Fadenkreuz** geraten – *to take the flack, to get stick*
eine **Fahne** haben – *to reek of alcohol/liquor*
die **Fahne** nach dem Wind drehen – *to run with the crowd*
auf der **falschen Fährte** sein – *to get hold of the wrong end of the stick*
jmdn. aus der **Fassung** bringen – *to throw sb.*
etwas auf eigene **Faust** machen – *to do sth. off one's own bat*
nicht mehr **feierlich** sein – *to be beyond a joke*
all seine/... **Felle davonschwimmen sehen** – *to see all one's hopes go up in smoke*
ins **Fettnäpfchen** treten – *to put one's foot in it, to drop a clanger*
etwas an allen fünf **Fingern** abzählen können – *to be as clear as daylight*

stumm wie ein **Fisch** sein – *to be as quiet as a mouse*
gesund wie ein **Fisch** im Wasser sein – *to be as fit as a fiddle*
zwei **Fliegen** mit einer Klappe schlagen – *to kill two birds with one stone*
platt wie eine **Flunder** sein – *to be as flat as a pancake*
keinen **Funken** Verstand haben – *to not have a grain of sense*
gang und gäbe sein – *to be a matter of course/standard practice*
jmdn. ins **Gehege** kommen – *to cross sb.*
gehupft wie gesprungen sein – *to be six of one and half a dozen of the other*
von allen guten **Geistern** verlassen – *to have taken leave of one's senses*
im **Geld** schwimmen – *to be rolling in money/it*
Geld zum Fenster hinauswerfen – *to throw money down the drain*
etwas aufs **Geratewohl** tun – *to do sth. on the off chance*
sich zum **Gespött der Leute** machen – *to make oneself a laughing* stock
auf etwas **Gift** nehmen. – *to bet one's sweet life on sth.*
in ausgefahrenen **Gleisen** bewegen – *to be stuck in a rut*
etwas an die große **Glocke** hängen – *to shout sth. from the rooftops*
Glück im Unglück haben – *to be quite lucky in the circumstances*
treu wie **Gold** sein – *to be as true as steel*
bei jmdm. auf **Granit** beißen – *to beat one's head against a brick wall*
ins **Gras** beißen – *to bite the dust*
die **Gretchenfrage** stellen – *to ask the $64.000 question*
jmdn. nicht **grün** sein – *to be on bad terms with sb.*
ein **Haar** in der Suppe finden – *to find a fly in the ointment*
an den **Haaren** herbeigezogen sein – *to be far-fetched*
sich in den **Haaren** liegen – *to be a daggers drawn with sb., to be at loggerheads with sb.*
jmdn. die **Haare** vom Kopf fressen – *to eat sb. out of house and home*

sich keine grauen **Haare** wachsen lassen – *to lose no sleep over sth.*
zum **Hals** heraushängen – *to be sick and tired of sth.*
zwei linke **Hände** haben – *to be all thumbs*
etwas im **Handumdrehen** machen – *to do sth. in less than no time*
um etwas **herumreden** – *to beat about the bush*
sein/... **Herz** an etwas hängen – *to set one's heart on sth.*
das **Herz** auf der Zunge haben – *to have one's heart on one's sleeve*
jmdm. etwas ans **Herz** legen – *to drum sth. into sb.'s head*
jmdn./etwas auf **Herz und Nieren** prüfen – *to put sb./sth. through his/her/its paces*
ein **Herz und eine Seele** sein – *to be soulmates*
etwas auf dem **Herzen** haben – *to have sth. on one's mind*
jmdm. den **Himmel auf Erden** versprechen – *to promise sb. the moon*
hin- und hergerissen sein – *to be pulled in two directions, to be in two minds about sth.*
sich ein **Hintertürchen** offenhalten – *to leave oneself a loophole/way out*
mit jmdm. ein **Hühnchen** zu rupfen haben – *to have a bone to pick with sb.*
bekannt sein wie ein bunter **Hund** – *to be known far and wide/ by everybody*
kalter Kaffee sein – *to be old hat*
jmdn. durch den **Kakao** ziehen – *to take the mickey out of sb.*
nicht alles über einen **Kamm** scheren – *to judge everyb./everyth. on its own merits*
das **Kind** beim Namen nennen – *to call a spade a spade*
mit **Kind und Kegel** reisen – *to travel with everything but the kitchen sink*
auf der **Kippe** stehen – *to be balanced on a knife edge*
die **Kirche im Dorf** lassen – *to draw the line s.wh., to not go to extremes*
in der **Klemme** sein – *to be in a fix/on the spot*

jmdn. ein **Klotz am Bein** sein – *to be a millstone round sb.'s neck*
etwas nicht übers **Knie** brechen – *to not give way to a knee-jerk reaction over sth.*
nicht wissen, wo einem der **Kopf** steht – *to not know if one's coming or going*
jmdn. vor den **Kopf** stoßen – *to turn sb. down flat*
sich den **Kopf** zerbrechen – *to rack one's brains*
zum **Kotzen** sein – *to make one want to be sick/throw up*
die **Kurve** nicht kriegen können – *to not be able to manage to do sth.*
den **Kürzeren** ziehen – *to come off worst*
den (ganzen) **Laden** schmeißen – *to run the (whole) show alone*
ein **Ladenhüter** sein – *to be a sales flop, to become part of the shop fixtures*
etwas **lang und breit** erzählen – *to go on and on about sth.*
durch die **Lappen** gehen – *to slip through one's fingers*
viel **Lärm** um nichts machen – *to kick up a fuss about nothing*
Lehrgeld zahlen müssen – *to have to learn the hard way*
Leichen im Keller haben – *to have a skeleton in the cupboard*
jmdn./etwas gut **leiden können** – *to be fond of sb./sth.*
sich einen **Lenz** machen – *to sit back and have an easy time*
jmdn. ein **Loch** in den Bauch fragen – *to drive sb. crazy/up the wall with questions*
etwas mit jmdm. wieder ins **Lot** bringen – *to mend one's fences/patch things up with sb.*
alles **Mache** sein – *to be all show*
wie die **Made im Speck** leben – *to live like a pig in clover, to be as snug as a bug in a rug*
etwas an den **Mann** bringen – *to find a market for sth.*
mit zweierlei **Maß** messen – *to apply double standards*
jmdm. das **Maul**/den Mund stopfen – *to shut sb. up*
sich das **Maul** über etwas zerreißen – *to sound off about sth.*
Mäuschen spielen wollen – *to want to be a fly on the wall*

über etwas nichts zu **melden** haben – *to have absolutely no say in sth.*
gute **Miene** zu bösem Spiel machen – *to make the best of a bad job*
die halbe **Miete** sein – *to be half the battle*
jmdn. auf den **Mond** schießen wollen – *to want to send sb. to the devil*
aus einer **Mücke** eine Elefanten machen – *to make a mountain out of a molehill*
die **Mücke** machen – *to make oneself scarce*
sich den **Mund** fusselig reden – *to talk oneself blue in the face*
in aller **Munde** sein – *to be on everybody's lips*
sich den **Mund** verbrennen – *to burn one's fingers*
den **Mund** zu voll nehmen – *to bite off more than one can chew*
etwas für bare **Münze** nehmen – *to take sth. at face value*
schlafen wie ein **Murmeltier** – *to sleep like a log*
der **Nagel auf den Kopf** treffen – *to hit the nail on the head*
der **Nagel** zum Sarg sein – *to be another nail in one's coffin*
Nägel mit Köpfen machen – *to do the job properly*
aus dem **Nähkästchen** plaudern – *to tell the inside story*
sich an seine/... eigene **Nase** fassen – *to put one's own house in order*
jmdn. auf der **Nase** herumführen – *to pull the wool over sb.'s eyes*
jmdm. auf der **Nase** herumtanzen – *to play sb. up*
die **Nase** voll haben – *to have had enough, to be fed up with sb./sth.*
Nerven wie Drahtseile haben – *to have nerves of steel*
auf den **Nullpunkt** angekommen sein – *to have hit the bottom*
auf **Nummer Sicher** gehen – *to be on the safe side*
frech wie **Oskar** sein – *to have the cheek of the devil*
päpstlicher als der Papst sein – *to be a stickler for formal details/regulations*
wie angegossen **passen** – *to fit like a glove*

wie **Pech und Schwefel** zusammenhalten – *to be as thick as thieves*

etwas um jeden **Preis** machen – *to do sth. at all costs/whatever the cost*

den **Punkt** aufs i setzen – *to put the finishing touch(es) to sth.*

ohne **Punkt und Komma** reden – *to talk non-stop*

jmdn. in die **Quere** kommen – *to get in sb.'s way, (fig.) to cross sb.*

die **Quittung** für etwas bekommen – *to pay the price for sth.*

unter die **Räder** kommen – *to sink out of sight, to go to the dogs*

außer **Rand und Band** sein – *to go berserk/crazy/wild*

sich **rar** machen – *to cut oneself off, to go out of circulation*

gesundheitlichen **Raubbau** treiben – *to burn the candle at both ends*

eine alte **Rechnung** begleichen – *to pay sb. back for a wrong, to pay off old scores*

nach den **Rechten** sehen – *to check/see that everything is all right/okay*

langer **Rede** kurzer Sinn – *the long and the short of it, to put it in a nutshell*

jmdn. **Rede und Antwort** stehen – *to face the music, to explain one's actions*

etwas nach allen **Regeln der Kunst** tun – *to do sth. with all the tricks of the trade*

aus der **Reihe** tanzen – *to get/step out of line*

etwas ins **Reine** bringen – *to clear sth. up, to straighten sth. out*

mit sich selbst nicht im **Reinen** sein – *to be at odds with oneself*

jmdn. **reinlegen** – *to trick sb., to do the dirty on sb., to play dirty tricks on sb.*

nicht mehr zu **retten** sein – *to be beyond help*

jmdn. nicht mehr **riechen** können – *to no longer be able to bear/stand sb.*

einer Sache einen **Riegel** vorschieben – *to put a stop to sth.*

aus der **Rolle** fallen – *to forget oneself*

keine **Rolle** spielen – *to not matter, to be of no importance*
Rosinen im Kopf haben – *to have high-flown/unrealistic ideas*
etwas **rundweg** ablehnen – *to turn sth. down out of hand*
über die **Runden** kommen – *to get by, to (just about) manage*
jmdm. **Sand** in die Augen streuen – *to pull the wool over sb.'s eyes*
Sand ins Getriebe sreuen – *to put/throw a spanner in the works*
Geld in den **Sand** setzen – *to throw money down the drain*
etwas/jmdn. **satt** haben – *to be fed up with sth./sb., to have had enough of sth./sb.*
in **Saus und Braus** leben – *to live like a pig in clover, to live in the lap of luxiry*
aus **Schaden** klug werden – *to learn from one's own mistakes*
sein/... **Schäfchen** ins Trockene bringen – *to take care of number one*
alles in den **Schatten** stellen – *to put everyb./everyth. in the shade*
mehr **Schein als Sein** sein – *to be nothing but show*
etwas nach **Schema F** tun – *to do sth. according to routine*
von etwas keinen blassen **Schimmer** haben – *to not have the faintest clue/idea about sth.*
ein **Schlag ins Wasser** sein – *to be a flop/wash-out*
aus etwas nicht **schlau** werden – *to not be able to make head or tail of sth.*
jmdn./etwas **schlechtmachen** – *to badmouth sb./sth.*
den Kopf aus der Schlinge ziehen – *to get onself out of a (deep) hole*
ein **Schnäppchen** machen – *to get a (real) bargain*
eine große **Schnauze** haben – *to be a big-mouth/braggard*
einen **Seitensprung** machen – *to have a bit on the side*
Spaß muss sein. – *There's no harm in a joke.*
kein **Sterbenswörtchen** sagen – *to not breathe a word*
jmdn. in die **Tasche** stecken – *to run rings round sb.*
rot wie eine **Tomate** werden – *to go as red as a beetroot*
etwas kurz vor **Toresschluss** machen – *to do sth. in the nick of time*

treu und brav sein – *to be as good as gold*
den **Trick** raushaben – *to have the knack of doing sth.*
nur ein **Tropfen** auf einen heißen Stein – *just a drop in the ocean*
das **Tüpfelchen** auf dem i setzen – *to put the icing on the cake*
eine offene **Tür** einrennen – *to knock/push at an open door*
von **Tuten und Blasen** keine Ahnung haben – *to not have the first clue about how to do sth.*
die nackte **Wahrheit** sagen – *to tell the unvarnished truth*
ein **waschechte(r)** Bayer(in)/… sein – *to be a died-in-the-wool Bavarian/…*
ein **Waschlappen** sein – *to be a wimp*
jmdn. auf den **Wecker** gehen – *to get on sb.'s nerves*
neue **Wege** beschreiten – *to break new ground*
sich selbst im **Wege** stehen – *to be one's own worst enemy*
jmdn. nicht über den **Weg** trauen – *to not trust sb. an inch*
ein **Wort** gab das andere – *one thing led to another*
etwas **x-mal** tun – *to do s.th for the umpteenth time*
jmdn. den **Zahn** ziehen – *to knock sb.'s idea/intention on the head*
jmdn. in die **Zange** nehmen – *to give sb. a good going over/ grilling*
die **Zeche** bezahlen müssen – *to have to foot the bill, to take the rap for sth.*
in einer **Zwickmühle** sein – *to be caught/trapped between a rock and a hard place*

dezent *quiet* (Kleidung), *subdued* (Musik) ↗ falsche Freunde

Dezimalzahlen *decimals* ↗ Zahlen, 3

dick
Der Arzt sagte mir, dass ich zu **dick** sei. *The doctor told me that I'm too **fat**.*
Für Materialstärke, Belag u. Ä. ***thick***:

Die Burgwände sind 2 m **dick**. *The castle walls are 2 m **thick**.*
Vorsicht: Auf Personen angewandt heißt ***thick*** nicht etwa dick, sondern dumm, dämlich, begriffsstutzig:
*Markus is really **thick** sometimes.* Manchmal ist Markus wirklich **begriffsstutzig**.

differ from unterscheiden von – *Your opinion **differs from** mine.* ↗ Verb + Präposition-Verbindungen

dig – *dug* – *dug* (aus)graben

dislike nicht mögen, ungern haben ↗ Verb + Verb-Verbindungen

distribute verteilen

do – *did* – *done* tun, machen, erledigen ↗ *be/have/do*; ↗ Fragestellung; ↗ Verneinung; ↗ *make*; ↗ leicht verwechselbare Wörter, 1
do **– die gängigsten Wendungen**
do a crossword – ein Kreuzworträtsel lösen
do business/a deal with sb. – mit jmd. ein Geschäft machen
do sb. a favour – jmd. einen Gefallen tun
do a lot of damage to sth. – etwas sehr beschädigen
do 150 kilometres per hour – 150 Stundenkilometer fahren
do German/Maths/Physics/... – Deutsch/Mathe/Physik machen (Schule)
do harm – Schaden anrichten
do a job – eine Aufgabe erledigen
do no good – nichts bewirken/bringen
do one's duty – seine Pflicht erfüllen
do one's homework – Hausaufgaben machen
do one's homework – sich im Vorfeld gut informieren
do research into sth. – etwas erforschen
do sth. for a living – seinen Lebensunterhalt mit etwas verdienen

do the beds/the car/the plants/... – die Betten/das Auto/die Pflanzen machen
do the cleaning/the cooking/... – putzen/kochen/...
do two/... years – zwei/... Jahre absitzen

draw – *drew* – *drawn* zeichnen

dream about träumen von – *We're **dreaming about** a home of our own.* ↗ Verb + Präposition-Verbindungen

drink – *drank* – *drunk* trinken, saufen

drive – *drove* – *driven* fahren

E

each/every

Mit den nachfolgenden Einschränkungen sind im modernen Englisch *each* and *every* oft austauschbar. In diesem Gebrauch heißt *each/every* etwa „alle" (*all*):

***Each/Every student** passed the exam.* **Jeder Student** hat die Prüfung bestanden.

*The police stopped **each/every car**.* Die Polizei hielt **jedes Auto** an.

Beachten Sie aber diese wichtigen Einschränkungen:

▶ Handelt es sich um **zwei** Personen oder Sachen kommt von der Logik her nur *each* in Frage. Hier heißt *each* etwa „beide" (*both*): *You can park on **each side** of the road.* Du kannst an **jeder Seite** der Straße parken. (NICHT ~~*every side*~~)

▶ *Each* ist auch die einzige Möglichkeit **1**) vor einer *of*-Fügung: *The teacher gave **each of the children** a grade.* Der Lehrer gab **jedem Kind** eine Note. (NICHT ~~*every of*~~) und **2**) wenn das Wort **ohne Nomen** verwendet wird: *The rooms cost €75 **each**.* Die Zimmer kosten **jeweils** € 75.

▶ Nach *almost*, *practically* und *nearly* können wir nur *every* benutzen: *Our team lost* ***nearly every*** *match.* Unsere Mannschaft verlor **fast jedes** Spiel. (NICHT ~~*nearly each*~~)

each other/one another Beruht eine Handlung auf **Gegenseitigkeit**, verwenden wir im Englischen **kein** *self*-Pronomen, sondern *each other/one another* („einander"): *Teamworkers are people who help* ***each other/one another*** *to achieve a common aim.* Teamarbeiter sind Menschen, die **sich gegenseitig** helfen, um ein gemeinsames Ziel zu erreichen.
Beachten Sie: *each other/one another* sind von Bedeutung her austauschbar und haben die gleiche Form für alle Personen. ↗ *self/selves*

eat – *ate* – *eaten* essen, fressen

economic *Wirtschafts-* ↗ *economic/economical*, leicht verwechselbare Wörter, 3

economical sparsam ↗ *economic/economical*, leicht verwechselbare Wörter, 3

Einspruch erheben, beanstanden *I* ***object to*** *crude language.* ↗ Verb + Präposition-Verbindungen

either ↗ *too/either*

E-Mail-Anschriften Bei der mündlichen Angabe von E-Mail-Anschriften sagen wir *at* für das Symbol **@**, *dot* für einen Trennpunkt (**.**) und *hyphen* für einen Bindestrich. Wir sagen Buchstaben der Reihe nach, außer, dass sie einen Namen bilden. Der Ausdruck *as one word* („als ein Wort") kann auch nützlich sein.

Beispiele: kkwa@hotmail.net: *kay kay double-you ay* ***at*** *'hotmail' as one word* ***dot*** *net* e.schnee@t-online.de: *ee* ***dot*** *schnee* ***at*** *tee* ***hyphen*** *online* ***dot dee ee***.

encourage ermutigen ↗ Verb + Verb-Verbindungen

Englische Wendungen *English idioms* ↗ Verb-Verbindungen

bark *up the wrong tree* – auf dem Holzweg sein
be a flash in the pan – ein Strohfeuer sein
be against the odds – unwahrscheinlich sein
be all the rage – der letzte Schrei sein
be a pain in the neck/arse – jmd. auf die Nerven gehen
be a sight for sore eyes – eine Augenweide sein
be between a rock and a hard place – in einer Zwickmühle sein
be dead beat – erschöpft sein
be fed up with sb./sth. – von etwas/jmd. die Nase voll haben
be hand in glove with sb. – mit jmd. unter einer Decke stecken
be left holding the baby – mit der Verantwortung allein gelassen sein
be off the record – nicht für die Öffentlichkeit sein
be on the make – sich die eigenen Taschen füllen
be on the rocks – am Ende sein
be on the safe side – ganz sicher gehen
be on the waggon – das Alkoholtrinken aufgegeben haben
be out of one's depth – überfordert sein
be right up one's street – genau nach dem Geschmack von jmd. sein
be sitting pretty – gut dran sein
be too big for one's boots – größenwahnsinnig sein
be unable to get a word in edgeways/edgewise – überhaupt nicht zu Wort kommen
be upfront with sb. – mit jmd. offen und ehrlich sein
be up the creek without a paddle – in der Klemme sein
bite off more than one can chew – sich zuviel zumuten
catch *sb. doing sth. red-handed* – jmd. auf frischer Tat erwischen
come in handy for sth. – für etwas nützlich sein

come to the point – zur Sache kommen
cut down on sth. – etwas einschränken
***do** sb. a good turn* – jmd. einen Gefallen tun
do sth. for kicks – etwas aus Vergnügen tun
do sth. just for laughs – etwas zum Spaß machen
***eat** one's words* – eine Äußerung kleinlaut zurücknehmen
***fall** into line with sb./sth.* – mit etwas/jmd. einverstanden sein
find sth. out by trial and error – etwas durch Versuch und Irrtum herausfinden
fly off the handle – ausrasten
***get** a piece/slice of the action* – am geschäftlichen Erfolg teilnehmen
get away with sth. – ungestraft davonkommen
get (hold of) the wrong end of the stick – etwas völlig falsch verstehen
get one's act together – etwas besser regeln/„gebacken kriegen"
get on sb.'s nerves – jmd. auf die Nerven gehen
get real – realistisch werden
get up sb.'s/one's nose – jmd. auf die Nerven gehen
give a straight answer – eine klare Antwort geben
give sb. a hand to do sth. – jmd. helfen, etwas zu tun
give sb. a piece of one's mind – jmd. ungeschminkt sagen, was man meint
go off the deep end – aus der Haut fahren
go incandescent/spare – völlig ausrasten
go to the dogs – vor die Hunde gehen
***have** a bee in one's bonnet* – einen Tick haben
have a chip on one's shoulder – sich unfair behandelt/benachteiligt fühlen
have a close shave – einer Gefahr knapp entkommen
have a soft spot for sb. – eine Schwäche für jmd. haben
have egg on one's face – wie ein Depp da stehen
have green fingers – grüne Hand/grünen Daumen haben
have one's back against the wall – in die Enge getrieben sein

have one's feet on the ground – eine handfeste Natur haben
have sb. over a barrel – jmd. in der Zange haben
have the gift of the gab – sehr redegewandt sein
hit it off with sb. – sich mit jmd. gut verstehen
hit the ceiling/roof – ausrasten
keep *an eye on sb./sth.* – ein Auge auf jmd./etwas haben
keep a straight face – ein ausdrucksloses Gesicht halten
keep one's fingers crossed – den Daumen drücken
keep one's hair on – ruhig bleiben
kick up a fuss – sich lauthals beschweren
leave *sb. in the lurch* – jmd. im Stich lassen
let the cat out of the bag – etwas preisgeben
make *a go of sth.* – etwas erfolgreich tun
make tracks – sich auf die Socken machen
pick *a fight/quarrel with sb.* – Streit mit jmd. anfangen
pick sb.'s brains – jmd. zum eigenen Vorteil ausfragen
play it safe – sichergehen
play sth. down – etwas verharmlosen
poke fun at sb./sth. – sich über jmd./etwas lustig machen
pour oil on troubled water – die Wogen glätten
pull sb.'s leg – jmd. auf den Arm nehmen
pull strings – etwas durch Beziehungen erreichen
pull the wool over sb.'s eyes – jmd. hinters Licht führen
put all one's eggs in one basket – alles auf eine Karte setzen
put the cart before the horse – eine Sache falsch herum betrachten
put the cat among the pigeons – für Unruhe sorgen
put sb.'s back up – jmdn. verärgern
put sb.'s on the spot – jmd. in Verlegenheit bringen
screw *sth. up* – etwas vermasseln
see eye to eye with sb. – mit jmd. einverstanden sein
sell like hot cakes – wie warme Semmeln weggehen
sth. serves sb. right – etwas geschieht jmd. recht
smell a rat – Verdacht schöpfen
try *to keep up with the Joneses* – mit jmd. finanziell Schritt halten
turn a blind eye to sth. – etwas bewusst ignorieren

not turn a hair – nicht mit der Wimper zucken
turn sb./sth.down – jmd./etwas ablehnen
***wash** one's hands of sb./sth.* – mit jmd./etwas nichts mehr zu tun haben wollen

enjoy genießen, gefallen – *Do you **enjoy reading** detective stories?* ↗ Verb + Verb-Verbindungen

Entscheidungsfragen ↗ Fragen, 1 ↗ Kurzantworten

entschuldigen *I **apologise for** my remarks.* ↗ Verb + Präposition-Verbindungen

evade ausweichen ↗ *avoid/evade*, leicht verwechselbare Wörter, 1

eventuell Adverb: *possibly*; Adjektiv: *possible* ↗ falsche Freunde

everybody ↗ *each/every*

evidence ↗ zählbare und nicht zählbare Nomen

expect erwarten – *We **expect to win** the match.* ↗ Verb + Verb-Verbindungen

explain erklären

F

fairly Das Adverb *fairly* hat zwei Bedeutungen:
*He only won because he didn't play **fairly***. Er hat nur gewonnen, weil er nicht **fair** spielte.
*The weather is **fairly** good today*. Heute ist das Wetter **ziemlich** gut.

fahren auf englisch Das deutsche Verb **fahren** wird im Englischen unterschiedlich übersetzt. Hier ist eine Übersicht der geläufigsten Wendungen:

Sie **fährt** in die Stadt mit dem Auto (Bus/Fahrrad/Straßenbahn/Taxi/U-Bahn/Zug).
*She **goes** to town by car (bus/bike/tram/taxi/underground/train).*

Kannst du Ski/Inline-Skate/Schlitten **fahren**? *Can you **ski/inline-skate/toboggan**?*

Jim **fährt** gerne Auto/Fahrrad/Motorrad/Ski. *Jim likes **driving/cycling/motor-cycling/skiing**.*

Ich ziehe es vor, selbst zu **fahren**. *I prefer to **drive** myself.*

Harry **fährt** zu rücksichtslos. Ich **fahre** mit Jane. *Harry **drives** too recklessly. I'll **go** with Jane.*

Fährst du mit mir oder Barbara? *Are you **coming/going** with me or Barbara?*

Sollten wir **fahren** oder laufen? *Should we **go by car** or walk?*

Ostern **fahren** wir immer in Urlaub. *We always **go** on holiday at Easter.*

Jane ist schon **gefahren**. *Jane has already **left**.*

Warum **fährt** der Bus nicht? *Why doesn't the bus **go/leave**?*

Unser Auto **fährt** mit Superbenzin *Our car **runs on** high-octane fuel.*

Falsche Freunde *false friends*

Als „falsche Freunde" bezeichnet man jene englischen Wörter, die deutschen Wörtern sehr ähneln, aber etwas ganz anderes bedeuten. Es ist doch so verlockend, „brav" mit *brave* und „Chef" mit *chef* zu übersetzen. Es ist aber leider falsch und für den Englischsprachigen zudem völlig unverständlich. *False friends* sind ein tückischer Stolperstein, gegen den wir oft stoßen – oft auch noch ohne es zu merken.

In den folgenden Einträgen steht zuerst das deutsche Ausgangswort mit einem Beispielsatz und seiner Übersetzung mit dem **richtigen englischen Begriff**. Dann folgt ein Satz, in dem der falsche Freund verwendet wird.

Akademiker/in Alle Ärzte sind **Akademiker**. *All doctors are **graduates.***
__Academics__ teach and do research at universities. **Gelehrte** lehren und forschen an Hochschulen.

aktuell Arbeitslosigkeit ist das wichtigste **aktuelle** Thema. *Unemployment is the most important **current** topic.*
He __actually__ said the precise opposite. **Tatsächlich** sagte er das genaue Gegenteil.

bekommen Heute habe ich über 20 E-Mails **bekommen**. *I **got/received** over 20 e-mails today.*
Our boss always __becomes__ angry if you question his decisions. Unser Chef **wird** immer ärgerlich, wenn man seine Entscheidungen in Frage stellt.

sich **blamieren** Die Mannschaft **hat sich blamiert**. *The team **made a fool of itself**.* England hatte sich keineswegs blamiert im Verlauf dieser Meisterschaft. *England had in no way **disgraced themselves** during this Championship.*
The trainer __blamed__ the referee. Der Trainer **gab** dem Schiedsrichter **die Schuld**.

brav Mein Hund ist sehr **brav**. *My dog is very **good**.* Brave Frauen schreiben selten Geschichte. ***Well-behaved** Women rarely make history.*
Are you __brave__ enough to demand better pay? Bist du **mutig** genug, eine bessere Bezahlung zu verlangen?

Chef Mein **Chef** ist häufig geschäftlich verreist. *My **boss** is often away on business.*
The __chef__ here has won a lot of prizes. Der **Koch** hier hat viele Preise gewonnen.

desinteressiert Im Moment ist Markus völlig **desinteressiert**. *At the moment, Markus is completely **uninterested**.*
Football commentators should be __disinterested/impartial__ observers. Fußballkommentatoren sollten **unparteiische** Beobachter sein.

dezent Kannst du nicht **dezentere** Kleidung tragen? *Can't you wear* ***quieter/more restrained*** *clothes?*
John is a thoroughly ***decent*** *man.* John ist ein durch und durch **anständiger** Mann.

eventuell Eventuell sehen wir uns am Wochenende. ***Possibly*** *we'll see each other at the weekend.*
The plane ***eventually*** *took off.* **Schließlich** hob das Flugzeug ab.

irritieren Lass dich nicht durch sein merkwürdiges Benehmen **irritieren**. *Don't be* ***confused/put off*** *by his strange behaviour.*
Ben ***irritated*** *Ann a lot with his endless phone calls.* Ben hat Ann mit seinen endlosen Telefonanrufen sehr **verärgert**.

komfortabel Das neue Betriebssystem ist äußerst **komfortabel**. *The new operating system is extremely* ***convenient****.*
Is that hard chair ***comfortable*** *enough?* Ist der harte Stuhl **bequem** genug?
konsequent Bei der Hundedressur muss man absolut **konsequent** sein. ***You must be absolutely consistent when training dogs.***
Consequently*, I have no other choice.* **Folglich** habe ich keine andere Wahl.

Kritik Die **Kritik/Besprechung** des Stückes war vernichtend. *The* ***review*** *of the play was devestating.* Ein Großteil der **Kritik** richtete sich gegen den Schauspieler. *Much of* ***the criticism was*** *directed at the actor.*
The ***critics*** *were merciless.* Die **Kritiker** waren gnadenlos.

meinen Was **meinst** du dazu? *What do you* ***think*** *about it?*
What does 'to evade' ***mean*** *in German?* Was **bedeutet** *to evade* auf Deutsch?

Meinung Meiner **Meinung** nach liegst du völlig falsch. *In my* ***opinion*** *you're completely wrong.*
The real ***meaning*** *of the decision is still unclear.* Die wahre **Bedeutung** der Entscheidung ist noch unklar.

miserabel Dieses Essen ist absolut **miserabel**. *This meal is absolutely **awful**.*
*Mozart died a **miserable** death.* Mozart starb einen **elenden** Tod.

Notiz Bei Verkaufsgesprächen sollte man sich immer **Notizen machen**. *You should always **take notes** at sales meetings.*
*The **notice** says the shop is closed.* Auf dem **Aushang** steht, dass das Geschäft geschlossen ist.

Rente Viele junge Leute sparen nichts für ihre **Rente**. *A lot of young people save nothing for their **pension**.*
*They haven't paid their **rent** for months.* Sie haben seit Monaten ihre **Miete** nicht bezahlt.

Rezept Der Arzt gab mir ein **Rezept** gegen Schlaflosigkeit. *The doctor gave me a **prescription** for insomnia.*
*Have you tried this Italian **recipe** yet?* Hast du dieses italienische **Rezept** schon ausprobiert?
selbstbewusst Selbstbewusste Menschen vertrauen auf ihre Fähigkeiten. ***Self-confident** people trust their own abilities.*
*I was always so **self-conscious** about my spots.* Ich war immer so gehemmt wegen meiner Pickel.

sensibel Bei solchen Sachen kann Beate sehr **sensibel** sein. *Beate can be very **sensitive** about such things.*
*The only **sensible** thing to do with a chain letter is to delete it.* Die einzig vernünftige Verfahrensweise mit einem Kettenbrief, ist ihn zu löschen.
These are sensible clothes for climbing. Das ist vernünftige Kleidung zum Bergsteigen.

seriös Einige Verkäufer sind nicht ganz **seriös**. *Some salesmen are not quite **trustworthy/reputable**.*
*Is terrorism really a **serious** danger?* Ist der Terrorismus wirklich eine **ernste** Gefahr?

spenden Er **spendet** viel Geld für wohltätige Zwecke. *He **donates/gives** a lot of money to charity.*
*Ben shouldn't **spend** so much money on cars.* Ben sollte nicht so viel Geld für Autos **ausgeben**.

sympathisch, **Sympathie** Lisa ist eine sehr **sympathische** Frau. *Lisa is a very* ***pleasant/likeable*** *woman.*
Doctors show little *sympathy* *for smokers.* Ärzte zeigen wenig **Mitgefühl** für Raucher.

übersehen Der Autofahrer hat den Fahrradfahrer völlig **übersehen**. *The car driver completely* ***overlooked*** *the cyclist.*
Two security men *oversee* *the car park at night.* Nachts **überwachen** zwei Sicherheitsmänner den Parkplatz.

Unternehmer/in Ohne **Unternehmer** gäbe es viel weniger Arbeitsplätze. *Without* ***entrepreneurs*** *there would be many less jobs.*
Undertakers *are people who arrange funerals.* **Leichenbestatter** sind Menschen, die Beerdigungen arrangieren.

will Ben sagt, dass er heiraten **will**. *Ben says that he* ***wants*** *to get married.*
Will *we see each other at the football ground?* **Werden** wir uns am Fußballplatz sehen?

fall – fell – fallen fallen

family ↗ Sammelbegriffe

far/a long way weit Von der Bedeutung her sind *far* und *a long way* identisch. Beachten Sie aber, dass wir *far* in **Fragen** und **verneinten** Sätzen, und *a long way* in **bejahten** Sätzen benutzen:
How ***far*** *is York?* Wie **weit** ist York?
The church is ***not far***. Die Kirche ist **nicht weit**.
We've walked ***a long way*** *today.* Heute sind wir **weit** gelaufen.

farther/further weiter Sprechen wir über **Entfernung** (*distance*), können wir *farther* und *further* beliebig benutzen: *Jane lives* ***farther/further*** *from the town centre than we do.* Jane wohnt **weiter weg** von der Stadtmitte als wir. Handelt es sich aber um „**etwas zusätzliches**“ (*something* *additional*), dann kommt nur *further* in Frage: *You will find* ***further details*** *on page 10.* Sie werden **weitere Einzelheiten** auf Seite 10 finden. (NICHT ~~*farther details*~~) ↗ unregelmäßige Steigerung

feed *– fed -fed* füttern

feel *– felt – felt* (sich) fühlen

few/a few, little/a little wenige/ein paar, wenig/ein wenig Bei allen Satzarten benutzen wir *few/a few* mit **zählbaren** und *little/a little* mit **nicht zählbaren** Nomen: ***Few films*** *are as good as the book.* **Wenige Filme** sind so gut wie das Buch.; *Jane only lives* ***a few kilometres*** *away.* Jane wohnt nur **ein paar Kilometer** weg. – *Some parents have* ***little time*** *for their children.* Einige Eltern haben **wenig Zeit** für ihre Kinder. – *Can I have* ***a little salt****, please?* Kann ich bitte **ein wenig Salz** haben? ↗ zählbare und nicht zählbare Nomen; ↗ unregelmäßige Steigerung

fight *– fought – fought* kämpfen

find *– found – found* finden

finish beenden, fertig machen – *Tom* ***hasn't finished washing*** *the car yet.* ↗ Verb + Verb-Verbindungen

finished fertig „erledigt“ ↗ *finished/ready*, leicht verwechselbare Wörter, 3

fish Fisch ↗ unregelmäßiger Plural, 2

fly *– flew – flown* fliegen

foot Fuß ↗ unregelmäßiger Plural, 1

for ↗ *auch* Einleitung zu *at*

forbid *– forbade – forbidden* verboten ↗ Verb + Verb-Verbindungen

forget *– forgot – forgotten* vergessen ↗ Verb + Verb-Verbindungen

fortunately glücklicherweise ↗ Adverbstellung

friendly freundlich *Friendly* beschreibt nur Personen, Tiere, Dinge o. Ä. aber nicht Handlungen, es ist kein Adverb. ↗ Adjektive auf *-ly*
He smiles in a friendly way. Er lächelt freundlich. NICHT: ~~He smiles friendly~~.
He is a friendly boy. Er ist ein freundlicher Junge.

Fragen *questions*

Die **Fragebildung** ist ein gefährlicher Stolperstein, da sie stellenweise sehr stark vom Deutschen abweicht. Grund dafür ist die Anwendung von den **Ersatzhilfsverben** *do/does/ did* sowie die unterschiedliche Behandlung von den Fragewörtern *who?* und *what?*.

1 **Entscheidungsfragen** *yes/no questions* Hier ist **unbedingt zu beachten**, dass im Englischen – anders als im Deutschen – **Entscheidungsfragen** nur mit der **Hilfe eines Hilfsverbs** gebildet werden können:

Are you enjoying *yourself?* Gefällt es Dir? – Hilfsverb *are*
Can you help *me?* Kannst du mir helfen? – modales Hilfsverb *can*
Do you like *soft cheese?* Magst du Weichkäse? – Ersatzhilfsverb *do*
Did you enjoy *the meal?* Hat Dir das Essen geschmeckt? – Ersatzhilfsverb *did*

2 **Fragen mit Fragewort** *questions with a question word* Fragen **mit einem Fragewort** – z. B. *when?*, *where?*, *how?*, *which?* – werden auf genau dieselbe Art und Weise ge-

bildet, wie **Entscheidungsfragen**: ↗ what?, which? und who?

When are you coming *home?* Wann kommst du nach Hause? – Hilfsverb *are*
Where can I buy *stamps?* Wo kann ich Briefmarken kaufen? – modales Hilfsverb *can*
How do you make *pizzas?* Wie macht man Pizzas? – Ersatzhilfsverb *do*

▶ Beachten Sie aber, wie wir Fragen mit den Fragewörtern ***who?*** und ***what?*** bilden:
Ist *who?/what?* das **Objekt** des Satzes, bilden wir Fragen **mit Hilfsverben** in der gewohnten Art und Weise (↗ 1 oben):

Who do *you* ***like*** *most?* Wen hast du am liebsten?
What are *you* ***doing*** *this evening?* Was machst du heute abend?

Ist aber *who?/what?* das **Subjekt** des Satzes, benutzen wir **kein Hilfsverb**, um Fragen zu bilden. Hier weicht also die englische Fragebildung von der deutschen **nicht** ab:

Who plays *Harry Potter in the film?* Wer spielt Harry Potter in dem Film?
What happens *in the end?* Was passiert am Schluss?
↗ Verneinung, ↗ Kurzantworten

Frageanhängsel *question tags*

Frageanhängsel wie *He's a nice guy,* ***isn't he****?* (Er ist ein netter Kerl, nicht wahr/oder?) gehören im Englischen einfach dazu.
Es gibt im Deutschen keine Entsprechung. Frageanhängsel können und sollten daher oft auch gar nicht übersetzt werden. Vergleichbare deutsche Wendungen wie „nicht", „nicht wahr", „oder" und „oder nicht" passen manchmal, wirken aber oft eher hölzern. Das sollte aber umgekehrt auf keinen Fall dazu führen, dass Sie die englischen Frageanhängsel nicht selber verwenden. ↗ Kurzantworten

Es gelten für **Frageanhängsel** die gleichen Regeln wie für **Entscheidungsfragen**: Ist ein Hilfsverb bzw. eine Form von *be* im Satz schon vorhanden, wird es eingesetzt, um das Fragehängsel zu bilden. Kommt aber kein Hilfsverb vor, benutzen wir *do/does/did* als Ersatz. Noch eine wichtig Grundregel: Ist das **Verb im Hauptsatz bejaht**, dann ist das **Frageanhängsel verneint**, und umgekehrt: ↗ Fragen, 1

*Jane **is** in, **isn't she**?* Jane ist da, nicht/oder? – *be* (*is*), bejaht > verneint
*Ben **can't** come, **can he**?* Ben kann nicht kommen, oder? – *can*, verneint > bejaht
*Ann **hasn't** called, **has she**?* Ann hat nicht angerufen, oder? – *has*, verneint > bejaht

*Ben lives here, **doesn't he**?* Ben wohnt hier, oder nicht? – *do*, bejaht > verneint
*Ann only drank water, **didn't she**?* Ann trank nur Wasser, nicht? – *did*, bejaht > verneint

freeze – *froze* – *frozen* frieren

fruit Obst ↗ unregelmäßiger Plural, 2

furniture Möbel ↗ zählbare und nicht zählbare Nomen

further/furthest ↗ *far/farther/farthest*

G

game Spiel ↗ *play/game*, leicht verwechselbare Wörter, 2

Die Gegenwart *the present*

Möchten wir über die Gegenwart reden, haben wir im Englischen drei Möglichkeiten:

1 Für **ständig sich wiederholende Handlungen** bzw. **permanente Situationen** oder Zustände benutzen wir das ***simple present*** (einfache Form der Gegenwart):

*Jane **works** in London.*	permanente Situation
Jane arbeitet in London.	
*She always **uses** the bus.*	wiederholende Handlung
Sie benutzt immer den Bus.	

▶ Daher kommt das ***simple present*** mit folgenden **Zeitangaben** oft vor:

always – never – often – rarely selten – *seldom* selten – *sometimes*
generally im allgemeinen – *habitually* regelmäßig – *mostly – normally – regularly – usually*
every day/week/month/... – every morning/afternoon
on Mondays/Tuedays/ – ...on weekdays/at weekends
in (the) summer/autumn/winter/spring
at Christmas/Whitsun Pfingsten/*Easter/...*

2 Für Vorgänge, die **im Moment des Sprechens oder Schreibens tatsächlich passieren,** benutzen wir das ***present progressive*** (Verlaufsform der Gegenwart):

*Jane **is washing** her hair.* Jane wäscht sich **gerade** die Haare.
*We **are eating** at the moment.* **Im Moment** essen wir.

▶ Daher kommen mit dem ***present progressive*** folgende **Zeitangaben** oft vor:

at the moment – at present zur Zeit – *now*
↗ Verlaufsform

3 Für Vorgänge, die in der Vergangenheit angefangen haben, aber noch andauern, benutzen wir das ***present perfect***:
*Ben **has worked** for Carr & Company **since January**.* Ben **arbeitet** seit Januar bei Carr & Company. (Ben arbeitet immer noch bei Carr & Company)

! In solchen Fällen benutzt man im Deutschen „seit" und die Gegenwartsform.

Für länger andauernde, **zeitlich ausgedehnte** Handlungen und Situationen, die in der Vergangenheit begonnen haben und zum Zeitpunkt des Sprechens oder Schreiben noch nicht beendet sind, benutzen wir das ***present perfect progressive***: *We **have been waiting** for delivery **for over six weeks**.* Wir **warten** auf die Lieferung **seit über sechs Wochen**. (Wir warten immer noch auf die Lieferung.)

! In solchen Fällen benutzt man im Deutschen „seit" und die Gegenwartsform.

▶ In diesem Gebrauch kommen das ***present perfect*** und das ***present perfect progressive*** oft mit folgenden **Zeitangaben** vor:

still/still not – yet/not yet
for/since
so far today/this week/this month/this year – till/until now bis jetzt
↗ Verlaufsform

gehören *The leather coat **belongs to** my wife.* ↗ Verb + Präposition-Verbindungen

gelingen, erfolgreich sein bei *Jane **succeeded in** getting the job.* ↗ Verb + Präposition-Verbindungen

generally speaking allgemein gesprochen ↗ Adverbstellung

gern(e)
Die deutschen Adverbien gern/ungern werden im Englischen meist mit den Verben *like/not like* (*dislike*) oder – verstärkt – *love/hate* ausgedrückt:
Sie fährt **gerne** Fahrrad. *She **likes/loves** cycling.*
Klatsch mag ich nicht. *I **don't like/dislike/hate** malicious gossip.*

Geschäftsbrief ↗ Briefgestaltung, ↗ Postanschrift

Geschäftsnamen
Wir benutzen den **Namen des Gewerbes + 's** für **Fachgeschäfte** und **Dienstleistungen**: *at the baker's, at the chemist's, at the stationer's, at the doctor's, at the dentist's, at the undertaker's* usw.
Ist der Name eines **Kaufhauses** oder einer **Filiale** ein **Personenname**, fügen wir **'s** einfach hinzu: *at Woolworth's, at MacDonald's, at Schlecker's, at Sinn's* usw. In anderen Fällen benutzen wir kein **'s**: *at Pit Stop, at Body Shop, at the post office, at the Sparkasse, at Galeria Kaufhof, at Saturn* usw.

Gesellschaftsformen *types of business organisation*
Hier sind die deutschen Gesellschaftsformen mit ihren amerikanischen und britischen Entsprechungen:

deutsche Form	**USA**	**UK**
Einzelunternehmer(in)	*sole trader*	*sole trader*
Personengesellschaft	*general partnership*	*general partnership*
KG	*limited partnership*	*limited partnership*
GbR	*company* (*Co*)	*company* (*Co*)
GmbH	*close corporation* (*Corp.*)	*private limited company* (*Ltd*)
AG	*open corporation* (*Corp.*)	*public limited company* (*PLC*)

gestehen *The man has* ***confessed to*** *the murder.* ↗ Verb + Präposition-Verbindungen

get – *got* – *got* bekommen, werden

give – *gave* – *given* geben
give **– die gängigsten Wendungen**
give birth to – entbinden
give evidence – als Zeuge aussagen
give a party – eine Fete geben
give sb. a call/a ring – jmd. anrufen

give sb. advice – jmd. einen Rat erteilen
give sb. a hug/a kiss – jmd. umarmen/küssen
give sb. a lift – jmd. mitnehmen/mitfahren lassen
give sb. another/a second chance – jmd. noch eine/eine zweite Chance geben
give sb. a nice surprise – jmd. angenehm überraschen
give sb. a tip – jmd. einen Tipp geben
give sb. a warning – jmd. warnen/ermahnen
give sb. a welcome – jmd. ein Willkommen bereiten
give sb. information on sth. – jmd. Auskunft über etwas erteilen
give sb. permission to do sth. – jmd. erlauben, etwas zu tun
give sb. the sack – jmd. rausschmeißen
give sb. the time – jmd. die Uhrzeit sagen
give way – nachgeben
give way to – die Vorfahrt lassen

glasses Brille ↗ Paarwörter

glauben an *Do you* ***believe in*** *God?* ↗ Verb + Präposition-Verbindungen

go – *went* – *gone* gehen, fahren
go – **die gängigsten Wendungen**
go about sth. etwas (Problem, Aufgabe) angehen
go after sth. sich um etwas bemühen
go along with sth./sb. einer Sache/jmd. zustimmen
go at sth. an etwas hart arbeiten, sich hinter etwas klemmen
go by sth. sich nach etwas richten, nach etwas gehen
go by the book/by the rules sich an die Vorschriften/Regeln halten
go by bike/car/coach/train mit dem Fahrrad/Auto/Bus/Zug fahren
go by plane mit dem Flugzeug fliegen
go for sth. sich etwas holen, um etwas bemühen
go easy on sb. jmd. schonend behandeln
go easy on sth. etwas sparsam nutzen

go into sth. etwas untersuchen/erörtern
go on ahead vorausgehen, vorausfahren
go on holiday in Urlaub fahren
go over badly/well schlecht/gut ankommen
go overboard übertreiben
go with sth. zu etwas dazu gehören; einer Sache zustimmen; gut zu etwas passen
go without sth. ohne etwas auskommen
go without doing sth. darauf verzichten etwas zu tun
sth. gone etwas ist weg/verschwunden
that goes without saying das versteht sich von selbst

***going to*-Futur** ↗ Zukunft

good ↗ unregelmäßige Steigerung

goose Gans ↗ unregelmäßiger Plural, 1

Großzahlen ↗ Zahlen

grow – *grew* – *grown* wachsen, anbauen

Grußformeln
Besonders bei Geschäftsbriefen ist es wichtig, die richtige Grußformel am Ende des Briefes zu nutzen. Die folgende Tabelle soll Ihnen helfen, eine passende Grußformel zu wählen. ↗ Anreden, ↗ Briefgestaltung

Anrede	Grußformel	Grad der Formalität	
UK und Commonwealth-Länder außer Kanada			
persönlich	*Dear Jane*	*Yours*	freundlich
Yours ever	sehr freundlich		
Yours sincerely	ziemlich formell		
Mr Snow	*Yours sincerely*	neutral	
unpersönlich	*Dear Sir or Madam*	*Yours faithfully*	neutral

Anrede	Grußformel	Grad der Formalität	
USA und Kanada			
persönlich	*Dear Greg*	*Yours*	freundlich
Yours ever	sehr freundlich		
Sincerely yours	neutral		
Yours sincerely	ziemlich formell		
Mrs Green	*Sincerely yours*	eher freundlich	
Yours sincerely	neutral		
unpersönlich	*Dear Sir or Madam*	*Yours truly*	neutral
		Truly yours	neutral
		Very truly yours	respektvoll

H

hand reichen

handy praktisch, handlich; Das Handy zum Telefonieren heißt nur im deutschen Sprachraum so! Auf Englisch heißt es *mobile phone* oder *cellular phone*.

happy glücklich ↗ s. S. 74, *happy/lucky*

hard Adverb mit zwei Formen und Bedeutungen:
Ben worked ***hard*** *yesterday.* Gestern hat Ben **hart** gearbeitet.
Jane ***hardly*** *spoke to Tom.* Jane hat Tom **kaum** angesprochen.

hate hassen ↗ Verb + Verb-Verbindungen, 3

have *– had – had* haben ↗ *be*/have/do
have **– die gängigsten Wendungen**
have an argument – sich streiten
have a brainwave/an idea – einen genialen Einfall haben
have a chance – eine Chance bekommen
have a chat – plaudern

➤ S. 62

Die Top Ten

Hierfinden Sie die **zehn Stolpersteine**, die Deutschsprachige im Englischen immer wieder zu Fall bringen. In den **Beispielsätzen** unten stellt der erste, mit einem * gekennzeichnete Satz den **typischen Fehler** dar, d. h. im ersten Satz steht ~~falsches Englisch~~. Nur der **zweite Satz** stellt die **richtige Form vor**.

1 Nichtgebrauch der -*s*-Endung bei *he*, *she* und *it* (3. Person Singular):

* *Jane ~~live~~ in Chelsea and ~~work~~ in Acton.*
*Jane **lives** in Chelsea and **works** in Acton.*
Jane wohnt in Chelsea und arbeitet in Acton. ↗ die Gegenwart
* *The machine ~~run~~ smoothly.*
The machine runs smoothly.
Die Maschine läuft ruhig/wie geschmiert. ↗ die Gegenwart

2 Gebrauch der Verlaufsform statt der einfachen Form:

* *Jim ~~is cycling~~ to work every morning.*
*Jim **cycles** to work every morning.*
Jim fährt jeden Morgen mit dem Rad zur Arbeit. ↗ die Gegenwart
* *Sorry, I am not English: I ~~am coming~~ from Germany.*
*Sorry, I am not English: I **come** from Germany.*
Entschuldigen Sie, ich bin kein Engländer, ich komme aus Deutschland. ↗ die Gegenwart

3 Gebrauch des *will*-Futurs statt des *going to*-Futurs

* *Jane ~~will ask~~ for better pay. Jane **is going to ask** for better pay.*
Jane hat vor, um bessere Bezahling zu bitten. ↗ die Zukunft

4 Nichtgebrauch von *of* bei bestimmten Mengen

* *Can I have ~~a kilo apples~~ and ~~a bag onions~~, please?*
*Can I have **a kilo of apples** and **a bag of onions**, please?*
Kann ich bitte ein Kilo Äpfel und einen Beutel Zwiebeln haben? ↗ bestimmte Mengen

5 Nichtgebrauch der Stützwörter *one/ones*

* *Would you like a big ice cream or ~~a small/a small ice cream~~?*
*Would you like a big ice cream or **a small one**?*
Möchten Sie ein großes oder ein kleines Eis? ↗ *one/ones*

der Stolpersteine

6 Nichtgebrauch von *there*

* ~~*Something is*~~ *wrong with this computer.*
There is *something wrong with this computer.*
Irgendetwas stimmt da nicht mit dem Computer.
* ~~*A lot of people were*~~ *in town.* ***There were*** *a lot of people in town.*
Es waren viele Mernschen in der Stadt.

7 Nichtgebrauch der *-ly*-Endung bei Adverbien

* *You should drive* ~~*careful*~~ *in fog. You should drive* ***carefully*** *in fog.*
Man sollte bei Nebel vorsichtig fahren.
* *The meal was* ~~*surprising*~~ *good. The meal was* ***surprisingly good****.*
Das Essen war überraschend gut. ↗ Adjektive und Adverbien

8 Weglassung des unbestimmten Artikels *a/an*

* *John* ~~*is teacher*~~ *und his wife* ~~*is engineer*~~*.*
John ***is a teacher*** *und his wife* ***is an engineer****.*
John ist Lehrer und seine Frau ist Ingenieurin
* *Ian* ~~*is Scot*~~ *and his wife* ~~*is Frenchwoman*~~*.*
Ian is ***a Scot*** *and his wife is* ***a Frenchwoman****.*
Ian ist Schotte und seine Frau ist Französin. ↗ *a/an*

9 Die unnötige Anwendung des bestimmten Artikels *the*

* ~~*The crime*~~ *is increasing everywhere in* ~~*the modern society*~~*.*
Crime *is increasing everywhere in modern* ***society****.*
Die Kriminalität wächst überall in der modernen Gesellschaft.
* ~~*The fuel prices*~~ *are rising because of* ~~*the new taxes*~~*.*
Fuel prices *are rising because of* ***new taxes****.*
Die Brennstoffpreise steigen wegen der neuen Steuern. ↗ *the*

10 Der falsche Gebrauch von (im Englischen) nicht zählbaren Nomen

* *Unfortunately,* ~~*many*~~ *of the* ~~*informations were*~~ *in Russian.*
Unfortunately, ***much*** *of the* ***information was*** *in Russian.*
Leider waren viele der Informationen auf Russisch.
* *Why* ~~*are so many news*~~ *bad nowadays?*
Why ***is so much news*** *bad nowadays?*
Warum sind so viele Nachrichten heutzutage schlecht?

have got a cheek – unverschämt sein
have a dream/a nightmare – träumen/schlecht träumen (von)
have a drink – etwas trinken
have a fit – Zustände kriegen
have a good time – Spaß haben/sich amüsieren
have a meal – eine Mahlzeit einnehmen
have a quarrel – sich zanken
have a rest – sich hinlegen, Pause machen
have a row – Krach haben
have a shock – sich erschrecken
have breakfast/lunch/… – frühstücken/zu Mittag essen/…
have cold feet – ein Vorhaben (vor Angst) aufgeben
have French/German … – Französisch/Deutsch können
have green fingers – einen grünen Daumen haben (gut mit Pflanzen umgehen können)
have second thoughts – (etwas) anders überlegen
have the cheek to do sth. – die Frechheit besitzen, etwas zu tun

have to ↗ *must/needn't*

headphones Kopfhörer ↗ Paarwörter

hear – *heard* – *heard* hören

hide – *hid* – *hidden* verstecken

high Adverb mit zwei Formen und Bedeutungen:
*He kicked the ball much too **high**.* Er schoss den Ball viel zu **hoch**.
*I can **highly** recommend this book.* Ich kann dieses Buch **sehr** empfehlen.

Hilfsverben s. S. 14, 51 f. ↗ Modalverben

hit – *hit* – *hit* schlagen
I have never hit my dog. Ich habe meinen Hund bisher noch nie geschlagen. NICHT ~~have hitted~~ oder ~~have hitten~~

Höflichkeitsformeln *polite devices*

Im alltäglichen Umgang miteinander spielen Höflichkeitsformeln im englischsprachigen Raum eine wichtigere Rolle als das im deutschsprachigen Raum der Fall ist. Deutsche wirken im englischsprachigen Raum daher oft spröde und fast unhöflich, ohne sich dessen bewusst zu sein. Daher ist es ratsam – außer einfach *please* und *thank you* – folgende Ausdrücke und Formulierungen regelmäßig anzuwenden:

Thank you very much/so much – Thanks a lot

I'm afraid that I … Es tut mir leid, dass ich … – *I'm sorry, but I …* Es tut mir leid, aber ich …

Do forgive me, but I … Verzeihen Sie mir, aber ich …

Excuse/Pardon me Entschuldigung – *I do apologise* Entschuldigen Sie vielmals.

I beg your pardon? Wie bitte?

Would you mind if I/we…? Hätten Sie was dagegen, wenn ich/wir …

Could you …? Könnten Sie … – *May I ask if …?* Darf ich fragen, ob …

Would you be so kind as to …? Wären Sie so freundlich/nett, das …

↗ **Vornamen** und **Titel**

hoffentlich

Wird meist am besten mit *I hope/it is hoped/we hope* o. Ä. übersetzt.

Hoffentlich wird der Vertrag heute unterschrieben.

It is hoped/We hope that the treaty will be signed today.

Das Wort *hopefully* ist keine gute Übersetzung von „hoffentlich", es beschreibt eine Handlung, die voller Hoffnung vollzogen wird:

The company has launched its new venture hopefully.

Die Firma hat ihr neues Projekt voller Hoffnung gestartet.

hold – *held* – *held* (auf-, zu-, fest-, zurück- …) halten

hope hoffen – *Ann and Ben* ***hope to have*** *a baby soon.* ↗ Verb + Verb-Verbindungen

hovercraft *s. aircraft*

how? wie? ↗ Fragen, 2

however jedoch, egal wie Beachten Sie die **unterschiedliche Anwendung** von *however*:
If you forget, ***however,*** *the machine switches off automatically.*
Solltest du es **jedoch** vergessen, schaltet die Maschine automatisch ab.
However *you decide, keep to it.*
Egal wie du Dich entscheidest, bleib dabei.

hurt – *hurt* – *hurt* verletzen, weh tun

I

idioms Redewendungen ↗ deutsche Wendungen, ↗ englische Wendungen

if-Sätze

Wir benutzen ***if*-Sätze**, um zu sagen was **unter Umständen** passieren wird (Typ I), was vielleicht passieren würde (Typ II) bzw. was hätte passieren können (Typ III).

Beachten Sie dabei, dass Typ I- und Typ II-Sätze sich immer auf die Gegenwart oder auf die Zukunft beziehen. Dies kann verwirrend sein, da Typ II-Sätze mit der Vergangenheit (*simple past*) gebildet werden.

! **Beachten Sie**, dass wir bei **Fragen** nur den **Hauptteil** als Frage bilden. Dann muss allerdings dieser Teil **an erster Stelle** stehen:

	If-Satz	Hauptsatz
I	**Gegenwart**	***will*-Futur**
	*If I **have** the time,*	*I **will go** to the party.*
	Wenn ich Zeit habe,	gehe ich zu der Party.
II	**Vergangenheit**	***would*** **+ Infintiv ohne *to***
	*If I **had** the time,*	*I **would go** to the party.*
	Wenn ich die Zeit hätte,	würde ich zu der Party gehen
III	**Plusquamperfekt**	***would have*** **+ Partizip Perfekt** (3. Form)
	*If I **had had** the time,*	*I **would have gone** to the party.*
	Wenn ich die Zeit gehabt hätte,	wäre ich zu der Party gegangen.

	Hauptteil (Frage)	if-Teil (unverändert)
I	***Will you go** to the party*	*if you have the time?*
II	***Would you go** to the party*	*if you had the time?*
III	***Would you have gone** to the party*	*if you had had the time?*

illnesses ↗ Krankheiten

imagine sich vorstellen ↗ Verb + Verb-Verbindungen

imply ↗ *imply/infer*, leicht verwechselbare Wörter, 1

in

Es gibt eine Reihe von wichtigen **Wendungen mit *in***, die vom deutschen Gebrauch oft stark abweichen. Die wichtigsten sind:

Zeit

in time – rechtzeitig
in the morning/afternoon/… – am Morgen/Nachmittag/…
in a second/minute/moment – gleich, sofort
in no time – sekundenschnell

Ort

in the street – auf der Straße
in the sky – am Himmel

in the country – auf dem Land
in the picture/photo – auf dem Bild/Foto
in the world – auf der Welt
in depth – in allen Einzelheiten

sonstige Beziehungen
in your own words – mit eigenen Wörtern
in other words – anders gesagt
in a loud/quiet voice – mit lauter/leiser Stimme
in my/his/… opinion/view – meiner/seiner/… Meinung nach
in German – auf Deutsch
in the end – schließlich
in addition to – zusätzlich zu
in any case – auf jeden Fall
in brief – kurz gesagt
in comparison – im Vergleich
in conclusion – zum Schluss
in a hurry – in Eile
in various ways – auf verschiedene Weise
in fact – in der Tat
↗ Einleitung zu *at*

Die indirekte Rede *reported speech*

Die **größten Stolpersteine** bei der indirekten Rede sind:

1 Steht das einleitende Verb in der **Gegenwart** (*says, thinks* usw.), benutzen wir keine **Zeitverschiebung**, also bleibt das Verb im Hauptsatz unverändert:

*Ann **says** (that) it **is** snowing.*

2 Steht das einleitende Verb in der **Vergangenheit** (*said, thought* usw.), dann werden alle Zeiten eine Zeitstufe zurück in die Vergangenheit versetzt:

*Ann **said** (that) it **was** snowing. – is > was*
*Jane **told Sarah** (that) she **had** a job interview. – have > had*

! Die Modalverben ***can***, ***may*** und ***must*** werden in der indirekten Rede als ***could***, ***might*** und ***had to*** wiedergegeben:

Ann ***thought*** *(that) she* ***could*** *go to the party.*
Tom ***said*** *(that) he* ***had to*** *go to the dentist's.*

3 Genau wie im Deutschen müssen wir **Zeitangaben** ggf. ändern, um Missverständnisse zu vermeiden:
Ben said (that) he had met Tom ***the day before***. *– yesterday > the day before*
Ben sagte, dass er Tom **am Tag davor** getroffen hat.

4 **Pronomen** müssen ebenfalls der Klarheit wegen ggf. verändert werden:

*Ann: „**I**'ll meet **you** at Jim's house."*
Ann said (that) ***she*** *would meet* ***me*** *at Jim's house.*

industrial industriell- ↗ *industrial/industrious*, leicht verwechselbare Wörter, 3

industrious fleißig ↗ *industrial/industrious*, leicht verwechselbare Wörter, 3

infer erschließen ↗ *imply/infer*, leicht verwechselbare Wörter, 1

information ↗ zählbare und nicht zählbare Nomen

intend beabsichtigen ↗ Verb + Verb-Verbindungen

introduce sb. jmd. vorstellen

irritieren *confuse, put off, annoy* ↗ falsche Freunde

its/it's ↗ Kurzformen

J

Jahreszahlen *years* ↗ Zahlen, 5

Japanese Japaner(in), Japaner (plural), japanisch ↗ unregelmäßiger Plural, 2

jeans Jeans ↗ Paarwörter

just gerade, genau **Vergleichen Sie** die beiden Sätze:
*Jane has **just** gone home.* Jane ist **gerade** nach Hause gegangen.
*That's **just** the point.* **Genau** das ist der Punkt.

K

Kardinalzahlen *cardinal numbers* ↗ Zahlen, 1

keep – *kept* – *kept* behalten; etw. immer weiter tun, ↗ dauernd – *Don't **keep telling** me how to drive.* ↗ Verb + Verb-Verbindungen

klagen über *Ann **complained of** a headache.* ↗ Verb + Präposition-Verbindungen

komfortabel *convenient* ↗ falsche Freunde

Konjunktionen *connectors*

Mit Konjunktionen können wir Sätze miteinander verbinden, um eine unschöne Folge von einfachen Sätzen zu vermeiden. Hier sind die wichtigsten **Konjunktionen** und **verbindenden Adverbien** in alphabetischer Reihenfolge:
*We often walk **although** we have a car.* Oft laufen wir, **obwohl** wir ein Auto haben.
*We went to the cinema **and** saw* Titanic. Wir gingen ins Kino **und** sahen *Titanic*.

As I told you, my wife is not here. **Wie** ich Ihnen sagte, ist meine Frau nicht hier.
I'll call as soon as I arrive in Berlin. Ich rufe an, **sobald** ich in Berlin ankomme.
I missed Ann because my bus was late. Ich habe Ann verpasst, **weil** mein Bus verspätet war.
Stop smoking before it's too late. Hör auf zu rauchen **bevor** es zu spät ist.
I called Jane, but she wasn't at home. Ich rief Jane an, **aber** sie war nicht zu Hause.
Dr Brown isn't a doctor, but a biologist. Dr Brown ist nicht Arzt, **sondern** Biologe.
Would you like to go out or eat at home? Möchtest du ausgehen **oder** zu Hause essen?
I have a meeting so I must go now. Ich habe eine Sitzung **also** muss ich jetzt gehen.
We had to stay until the job was finished. Wir mussten bleiben **bis** die Arbeit fertig war.
Ben can get violent when he's drunk. Ben kann gewalttätig werden, **wenn** er betrunken ist.
Whenever I see Sarah, she's in a hurry. **Jedesmal wenn** ich Sarah sehe, ist sie in Eile.
This is the place where I had the accident. Diese ist die Stelle, **wo** ich den Unfall hatte.
Wherever I go, that man is there. **Wo auch immer** ich hingehe, ist dieser Mann da.

know *– knew – known* wissen, kennen
Wissen Sie wo Sue ist? ***Do you know*** *where Sue is?*
Kennen Sie Berlin? ***Do you know*** *Berlin?*

knowledge ↗ zählbare und nicht zählbare Nomen

konsequent *consistent* ↗ falsche Freunde

Krankheiten *illnesses*
Was **Krankheiten** betrifft, ist der deutsche und der englische

Gebrauch oft identisch. Daher sind die wenigen **Abweichungen** um so wichtiger:
Sally has ***backache***. Sally hat **Rückenschmerzen**.
She has ***cancer of the breast***. Sie hat **Brustkrebs**.
Jane has ***a cold***. Jane ist **erkältet**.
Ann has ***a cough***. Ann hat **einen Husten**.
They have ***diarrhoea***. Sie haben **Durchfall**.
*Ben has (****the****)* ***flu***. Ben hat **Grippe**.
Do you have ***a hangover****?* Hast du **einen Kater**?
Is he ***hung-over****?* Ist er **verkatert**?
John has ***a headache***. John hat **Kopfschmerzen**.
He had ***a heart-attack***. Er hatte **einen Herzinfarkt**.
I have ***a sore throat***. Ich habe **Halsschmerzen**.
Bob has ***a stomach-ache***. Bob hat **Bauchweh**.
I've ***an upset stomach***. Ich habe **eine Magenverstimmung**.
Tom has ***toothache***. Tom hat **Zahnschmerzen**.

Kritik ↗ falsche Freunde

kümmern um *Can you* ***deal with*** *this fax?* ↗ Verb + Präposition-Verbindungen

Kurzantworten *short answers*

Kurzantworten werden im Englischen benutzt, um Antworten auf Entscheidungsfragen freundlicher klingen zu lassen. Wie auch bei Frageanhängseln kann das **Weglassen von Kurzantworten** einen abrupten und gar unhöflichen Ton hervorrufen. ↗ Frageanhängsel

Kurzantworten werden mit dem **Hilfsverb** und dem **Subjekt des Hauptsatzes** gebildet. Dabei erscheint der Subjekt in Form des entsprechenden **Personalpronomens** (***he, she, they, you …***):
Have you *seen Jane? Yes,* ***I have****./No,* ***I haven't***.
Are Ann and Ben *married? Yes* ***they are****./No* ***they aren't***.
Do you *work here? Yes,* ***I do****./No,* ***I don't***.
Did Jane *write this letter? Yes,* ***she did****./No,* ***she didn't***.

! Ist die **Hauptfrage** mit ***there*** **+ eine Form von** ***be*** gebildet, wird *there* in der Kurzantwort wiederholt:
Is there *any more tea? Yes,* ***there*** *is./No,* ***there*** *isn't.*
Were there *many people in town? Yes,* ***there*** *were./No,* ***there*** *weren't.*

Kurzformen *short forms*
Kurzformen – z. B. ***I'm*** (*I am*), *you* ***haven't*** (*you have not*), *they* ***shouldn't*** (*they should not*) und she ***can't*** (*she cannot*) – werden in der Redesprache sowie in der informellen Schriftsprache häufig benutzt. Da die meisten Kurzformen problemlos sind, handelt es sich im folgenden Verzeichnis nur um **Stolpersteine**.
you/we/they are not – ***you're/we're/they're not*** – neutral
you/we/they aren't – umgangssprachlich

he/she/it is/has – ***he's/she's/it's*** – ***'s*** verkürzt ***is*** und ***has***

I/you/he/... had/would – ***I'd/you'd/he'd/...*** – ***'d*** verkürzt ***had*** und ***would***

I/you/she/...will not- ***I/you/she/... won't*** – Schreibweise!

L

Land *country, state, land*
Deutschland ist ein **Land** bestehend aus 16 **Ländern**. *Germany is* ***country*** *consisting of 16* ***states****.*
Erosion ist der Verlust des Mutterbodens vom **Erdreich/Boden**. *Erosion is the loss of soil from* ***the land****.*

lassen
Die verschiedenen Bedeutungen von „lassen" werden mit mehreren englischen Verben übersetzt:

▶ „Lassen" im Sinne von „zulassen", „erlauben", wird nach dem Muster ***to let somebody do something*** oder ***to allow somebody to do something*** übersetzt:

Der Chef **ließ uns** das Spiel im Fernsehen **anschauen**. *The boss* ***let us watch*** *the match on TV.* oder *The boss* ***allowed us to watch*** *the match on TV.*

▶ „Lassen" im Sinne von „jemanden veranlassen/zwingen, etwas zu tun" wird dagegen so übersetzt: ***to make somebody do something*** – oder verstärkt – ***to force somebody to do something***:

Der Mann **ließ das Kind** die ganze eklige Suppe aufessen. *The man* ***made the child eat up*** *all the horrible soup.* oder *The man* ***forced the child to eat up*** *all the horrible soup.*

▶ „Lassen" in der Bedeutung von „etwas erledigen/machen lassen" wird mit ***to have something done*** oder – weniger formell – ***to get something done*** ausgedrückt:

Ich werde **das Auto** sofort **reparieren lassen**. *I'll* ***have the car repaired*** *at once.* oder *I'll* ***get the car repaired*** *at once.*

late Adverb mit zwei Formen und Bedeutungen:
The bus was ***late*** *again.* Der Bus war wieder **spät**.
Have you seen Ben ***lately****?* Hast du Ben **in letzter Zeit** gesehen?

laugh at auslachen – *Ben simply* ***laughed at*** *me.* ↗ Verb + Präposition-Verbindungen

lay – *laid* – *laid* legen

[!] Das Verb ***lay*** muss immer **mit einem Objekt** stehen. *Sarah* ***laid the book*** *on the table.* Sarah **legte das Buch** auf den Tisch. ↗ *lay/lie/lie*, leicht verwechselbare Wörter

lead – *led* – *led* führen, leiten

learn – *learnt* – *learnt* lernen

[!] *learned* – *learned* auch möglich

leave – *left* – *left* verlassen

legen ↗ *put* ↗ *lay*

info ▶

Leicht verwechselbare Wörter

1 Verben

abuse – *It's unbelievable, but some parents* ***abuse*** *their* children – missbrauchen

misuse – *The computer broke down because it had been* ***misused***. – falsch bedienen

arbitrate – *People who can't agree often ask a court to* ***arbitrate***. – schlichten

mediate – *The UN is trying to* ***mediate*** *in Afghanistan.* – vermitteln

avoid – *Divorced people generally* ***avoid*** *each other.* – vermeiden

evade – *Some men* ***evade*** *their family responsibilities.* – ausweichen

borrow – *Rich people don't need to* ***borrow*** *money.* – sich etwas leihen

lend – *Never* ***lend*** *money to friends.* – jdm. etwas leihen

! *lend*: Bewegung **weg vom** Sprecher; *borrow*: Bewegung **auf** den Sprecher **zu**.

bring – ***Bring*** *back the car by 5 pm. I need it.* – bringen

take – *Don't forget to* ***take*** *the letters with you.* – nehmen

! Bewegung **weg vom** Sprecher: *take*; Bewegung **auf** den Sprecher **zu**: *bring*

do – *Have you* ***done*** *the letters yet?* – „erledigen"

make – *Josy* ***made*** *us a wonderful meal last night.* – „herstellen"

imply – *Are you* ***implying*** *that he's a thief?* – unterstellen

infer – *He never practises so we* ***inferred*** *he wasn't interested.* – erschließen

lay – *I definitely* ***laid*** *my wallet on the table.* – legen

lie – *Since she lost her job, Jane just* ***lays*** *in bed all day.* – liegen

lie – *People who* ***lie*** *should have good memories.* – lügen

prescribe – *The IOC* ***prescribes*** *where the Olympics take place.* – vorschreiben
proscribe – *The law* ***proscribes*** *the use of chemicals in food.* – verbieten

repel – *Eating horses* ***repels*** *many people.* – abstoßen
repulse – *The players easily* ***repulsed*** *the attack on their goal.* – abwehren

! **Aber:** *Repulsion* heißt Ekel, Abscheu und *repulsive* abstoßend, eklig.

stay – ***Stay*** *for dinner or* ***stay*** *at least until the rain has stopped.* – bleiben
stand – *He always* ***stands*** *in front of the shop.* – stehen

2 Nomen

play – *Films of Shakespeare's* ***plays*** *are very popular.* – Theaterstück
game – *Football is easily the world's most popular* ***game***. – Spiel

receipt – *We can't repay you without a* ***receipt***. – Quittung
recipe – *Can you give me the* ***recipe*** *for this wonderful meal?* – Rezept

shade – *The sun was hot so the cows were lying in the* ***shade***. – Schatten (Schutz)
shadow – *As the sun goes down,* ***shadows*** *become longer.* – Schatten (Gestalt)

3 Adjektive

continual – *There was* ***continual*** *noise from the room next door.* – ständig
continuous – *We have had* ***continuous*** *rain for nearly a week now.* – unaufhörlich

economic – *Strikes just make* ***economic*** *problems worse.* – Wirtschafts-
economical – *Is gas more* ***economical*** *than electricity?* – sparsam

finished – *Are the letters* ***finished***? – fertig: „erledigt"
ready – *Are you* ***ready***? *Here comes the bus.* – fertig: „startbereit"

happy – *Ben and Ann are very* ***happy*** *together.* – glücklich

lucky – *You were **lucky** not to have an accident.* – Glück haben

industrial – *Dortmund is not just an **industrial** town.* – Industrie-
industrious – *Most pupils are not as **industrious** as they could be.* – fleißig

practical – *Ben has no **practical** skills at all.* – praktisch
practicable – *It's great in theory, but is it **practicable**?* – umsetzbar

social – *Family tragedies are often caused by **social** problems.* – Sozial-
sociable – *Ben loves parties. He's very **sociable**.* – gesellig

tasty – *These sausages are **tasty**.* – lecker
tasteful – *I didn't find that joke very **tasteful**.* – geschmackvoll

4 Andere Wortpaare
loose – *Don't use the car. The wheel nuts are still **loose**.* – locker
lose – *We'll **lose** the match unless we train harder.* – verlieren

principal – *The **principal** argument against the idea was the cost.* – Haupt-
principle – *Pacifist are against all war on **principle**.* – Prinzip

stationary – *The bike was **stationary** when the car ran into it.* – stehend
stationery – *I bought a pen at the **stationery** shop in Victoria Street.* – Schreibwaren

leiden an *Mrs Coe **suffers from** backache.* ↗ Verb + Präposition-Verbindungen

lend – *lent* – *lent* leihen ↗ *borrow/lend*, leicht verwechselbare Wörter, 1

lent to ausleihen – *Jane **lent** this CD **to** me.* ↗ Verb + Präposition-Verbindungen

let – *let* – *let* lassen, erlauben

licence Erlaubnis, Konzession, (Führer-)Schein, ↗ *advice*

license zulassen, eine Konzession vergeben ↗ *advice*

lie – *lay* – *lain* liegen ↗ *lay/lie/lie*, leicht verwechselbare Wörter, 1

lie – *lied* – *lied* lügen

light – *lit* – *lit* anzünden

like mögen, gern haben ↗ Verb + Verb-Verbindungen

little/a little ↗ *few/a few*

lively lebhaft ↗ Adjektive auf *-ly*

loads of ↗ *plenty of*

look at anschauen, ansehen – *Just **look at** that poor man!* ↗ Verb + Präposition-Verbindungen

loose locker ↗ *loose/lose*, leicht verwechselbare Wörter, 4

lose – *lost* – *lost* verlieren ↗ *loose/lose*, leicht verwechselbare Wörter, 4

love lieben, sehr mögen ↗ Verb + Verb-Verbindungen

lovely schön ↗ Adjektive auf *-ly*

lucky Glück haben ↗ leicht verwechselbare Wörter, 3, *happy/lucky*

luckily glücklicherweise ↗ Adverbstellung

luggage Gepäck ↗ zählbare und nicht zählbare Nomen, *baggage/luggage*

M

machen ↗ falsche Freunde

make – *made* – *made* machen ↗ *do/make*, leicht verwechselbare Wörter, 1;
make **– die gängigsten Wendungen**
make an apology – sich entschuldigen
make an appointment – sich einen Termin geben lassen
make a choice – eine Wahl treffen
make a complaint – sich beschweren
make a (cup of) coffee – Kaffee kochen
make conversation – sich unterhalten
make a decision – eine Entscheidung treffen
make a delivery – liefern
make an effort – sich anstrengen
make a film – einen Film drehen
make good time – gut vorankommen
make love – mit jmd. schlafen
make a meal – eine Mahlzeit zubereiten
make a mess of sth. – etw. verpfuschen
make money – viel Geld verdienen/machen
make a noise – Lärm machen
make an offer – ein Angebot verbreiten
make a phone call – ein Telefongespräch führen
make a profit – Gewinn machen
make progress – vorankommen
make a promise – versprechen
make room (for sb./sth.) – (jmd./einer Sache) Platz machen
make sense – einen Sinn ergeben
make trouble – Unruhe stiften
make use of (a person) – ausnutzen
make use of (a thing) – benutzen
make war – Krieg führen

man Mann ↗ unregelmäßiger Plural, 1

many ↗ *much/many/…*

masses of ↗ plenty of

Maßeinheiten *units of measure*

In der Wirtschaft und der Wissenschaft benutzen **Australien**, **Irland**, **Kanada**, **Neuseeland** und das **UK** das metri-

1 Tabellen der US-Maßeinheiten

US-Einheiten		metrische Einheiten	
Gewicht	16 ounces	1 ounce (oz)	28.35 grams (g)
	100 pounds	1 pound (lb)	0.454 kilograms
		1 hundredweight	45.359 kilograms
	20 cwt	(cwt)	
		1 short ton (t)	907.18 kilograms
Länge	12 **inches**	1 inch (in)	2.54 centimetres (cm)
	3 **feet**	1 foot (ft)	30.48 centimetres
	1760 yards	1 yard (yd)	0.9144 metres (m)
		1 mile (mi)	1.609 kilometre (km)
Hohl-	2 pints	1 pint (pt)	0.473 litres (l)
maße	4 quarts	1 quart (qt)	0.946 litres
		1 gallon (gal)	3.785 litres

2 Umrechnungstabelle *conversion table*

von	in	mal
pounds	grams	453.6
pounds	kilograms	0.4536
US ton	tonnes	0.907
inches	centimetres	2.54
feet	metres	0.3048
yards	metres	0.9144
miles	kilometres	1.609
UK pints	litres	0.568
US pints	litres	0.473
US gallons	litres	3.785

sche System. Aus Nostalgiegründen wird jedoch ggf. das *pint* – und aus Kostengründen die *mile* – immer noch benutzt. Vor allem in den **USA** werden die herkömmlichen **britischen Maßeinheiten** weiterhin verwendet. **Beachten Sie** dabei, dass bei **Hohlmaßen** (*capacity*) und **Gewicht** (*weight*) die **USA** zum Teil ihre eigenen **US-Einheiten** (*US units*) hat.

may

Das Modalverb *may* drückt eine **Erlaubnis** oder eine **Möglichkeit** aus:

*You **may go** now.* Jetzt **darfst** du **gehen**. – Erlaubnis

*I **may be** late tomorrow.* Es **kann sein**, dass ich mich morgen verspäte. – Möglichkeit

▶ *May* kommt **nur** in der **Gegenwartsform** vor. Wir müssen *be allowed to* benutzen, um eine Erlaubnis in der **Vergangenheit** und der **Zukunft** auszudrücken:

*I **was allowed to go** home early yesterday.* Gestern **durfte** ich früh nach Hause **gehen**.

***Will we be allowed to take** the dog to Sweden with us?* **Werden** wir den Hund nach Schweden **mitnehmen dürfen**?

↗ Modalverben, wichtige Merkmale; ↗ *can/could*

maybe vielleicht ↗ Adverbstellung

mean Sinn: beabsichtigen, etwas vorhaben – *Surely you **don't mean to leave** school?* ↗ Verb + Verb-Verbindungen

mediate vermitteln ↗ *arbitrate/mediate*, leicht verwechselbare Wörter, 1

meinen (der Ansicht sein) *think* ↗ falsche Freunde

Meinung *opinion* ↗ falsche Freunde

Mengen ↗ bestimmte Mengen

mention erwähnen ↗ Verb + Verb-Verbindungen

might have ↗ *if*-Sätzen

military ↗ Sammelbegriffe

mind etwas dagegen haben; auf etwas achten/aufpassen ↗ Verb + Verb-Verbindungen
Mind your head! Pass auf, dass du dir nicht den Kopf stößt!
Never mind the expense! Vergessen Sie jetzt mal die Kosten!
Do you mind my smoking? Stört es Sie, wenn ich rauche? – *Do you* ***mind opening*** *the window?*

miserabel *awful, very bad* ↗ falsche Freunde

miss versäumen, verpassen – *I never* ***miss watching*** *this programme.* ↗ Verb + Verb-Verbindungen

misuse ↗ *abuse/misuse*, leicht verwechselbare Wörter, 1

Modalverben *modal auxiliaries*
Anders als bei Vollverben haben Modalverben (*can, may, might, must …*) die gleiche Form bei allen Personen, also keine -s-Endung in der 3. Person Singular:
Ben ***must*** *go to the boss.* Ben muss zum Chef gehen.
She ***might*** *be home by now.* Sie könnte jetzt schon zu Hause sein.

▶ Die meisten Modalverben können – je nach Bedeutung – nur in der **Gegenwart** benutzt werden. Daher müssen wir ein **geeignetes Ersatzverb** verwenden, um über die **Vergangenheit** und die **Zukunft** zu reden:
I ***had to*** *go to the boss yesterday.* Ich musste gestern zum Chef gehen.

In der folgenden Liste finden Sie die wichtigsten Modalverben. Es werden ihre Übersetzung, ihre Bedeutung und das für die Bildung der Vergangenheit und Zukunft notwendige Ersatzverb angegeben:

must – müssen – Zwang, Notwendigkeit – *have to*
needn't – nicht müssen – kein Zwang, keine Notwendigkeit – *not have to*
mustn't – nicht dürfen – Verbot – *be not allowed to*

! ***must not***
heißt NICHT ~~nicht müssen~~

can – können – Fähigkeit – *be able to*
can – können/dürfen – Erlaubnis – *be allowed to*
may – dürfen – Erlaubnis – *be allowed to*

▶ **Beachten Sie:** Es ist **nicht möglich**, ein englisches Modalverb **ohne Vollverb** zu benutzen:

Jane **kann** Deutsch. *Jane* ***can speak*** *German.*
Ben **muss** zum Zahnartzt. *Ben* ***must go*** *to the dentist's.*
Darf ich jetzt **nach Hause**? ***May I go home*** *now?*

most Adverb mit zwei Formen und Bedeutungen:
That is what I am ***most*** afraid of. Das ist es, wovor ich mich am **meisten** fürchte.
Bores talk ***mostly*** *about themselves.* Langweiler reden **hauptsächlich** über sich selbst.

Mr/Mrs/... Wie Sie unten sehen, werden die Anreden *Mrs*, *Miss* und *Ms* im englischsprachigen Raum teilweise anders verwendet als „Frau' bzw. „Fräulein' im deutschsprachigen. Dieser Unterschied kann zu peinlichen Patzern führen.
↗ Anreden

Frauen: *Miss* (gesprochen mit scharfem „s" am Ende) ledig
Mrs (gesprochen mit scharfem „s" in der Mitte und weichem „s" wie in „Vase" am Ende) verheiratet, verwitwet oder geschieden
Ms (gesprochen mit weichem „s" wie in „Vase" am Ende) Familienstand nicht zu erkennen

Männer: *Mr*, Familienstand nicht zu erkennen

Miss Die Anrede *Miss* wird nur für **ledige Frauen** benutzt. Im modernen Gebrauch wird sie zunehmend durch *Ms* (s. u.) verdrängt. Es ist ratsam (wie übrigens auch im Deutschen), sie nicht ohne weiteres zu verwenden, es sei denn, eine ledige Frau benutzt diese Anrede selbst.

Mrs Anders als bei der Anrede „Frau" im Deutschen wird *Mrs* **ausschließlich** für verheiratete, verwitwete oder geschiedene Frauen benutzt. Bei verheirateten Frauen, besonders in formellen schriftlichen Einladungen, wird diese Anrede oft mit dem Vornamen des Ehemannes gekoppelt, z. B. *Mrs Ben Snow*.

Ms Diese Anrede wurde von der Frauenbewegung der USA eingeführt. Diese Anrede basiert im Gegensatz zu den herkömmlichen nicht auf der Beziehung der Frau zu einem Mann. *Ms* ist die moderne weibliche Entsprechung von *Mr* (s. u.).

Mr Für Männer wird *Mr* verwendet, unabhängig vom Familienstand.

! Es ist bei allen genannten Anreden nicht üblich, den eigenen Namen mit Anrede zu nennen, etwa *Good morning, I'm Mr Müller.* oder auch *Nice to meet you, I'm Mrs Schmitz.* Statt dessen werden normalerweise Vor- und Nachname verwendet, also *Good morning, I'm Peter Müller.*

much/many/a lot of (*lots of*) viel/viele

↗ zählbare und nicht zählbare Nomen; ↗ plenty of; ↗ unregelmäßige Steigerung

▶ Wir benutzen *many* mit **zählbaren** und *much* mit **nicht zählbaren** Nomen in **verneinten Aussagen** und **Fragen**:

We don't have ***many eggs****.* Wir haben nicht viele Eier. – **zählbar, verneint**

How ***many eggs*** *do we have?* Wie viele Eier haben wir? – **zählbar, Frage**

We don't eat ***much meat****.* Wir essen nicht viel Fleisch. – **nicht zählbar, verneint**

*How **much beer** have we got?* Wie viel Bier haben wir? – **nicht zählbar, Frage**

▶ In bejahten Aussagen benutzen wir *a lot of* bzw. *lots of* (weniger formell) mit zählbaren sowie nicht zählbaren Nomen:

*We have **a lot/lots of eggs**.* Wir haben viele Eier. – **zählbar, bejaht**
*He drank **a lot/lots of wine**.* Er trank viel Wein. – **nicht zählbar, bejaht**

must/needn't, mustn't, have to/not have to, not be allowed to Wir benutzen *must*, um einen **Zwang** (*obligation*) oder eine **Notwendigkeit** (*necessity*) auszudrücken:

*You **must pay** taxes.* Man muss Steuer zahlen. – Zwang
*We **must buy** some bread.* Wir müssen Brot kaufen. – Notwendigkeit
▶ Möchten wir sagen, dass **kein Zwang** oder **keine Notwendigkeit** besteht, dann benutzen wir *need not/needn't*:

*You **needn't pay**. It's free.* Du muss nicht zahlen. Es is kostenlos. – kein Zwang
*We **needn't** hurry so much.* Wir müssen uns nicht so beeilen. – keine Notwendigkeit

Beachten Sie also diesen großen Stolperstein: Die **Verneinung** von *must* lautet *need not/needn't*, NICHT *must not/mustn't*.

▶ Das Modalverb *must not/mustn't* verwenden wir **ausschließlich**, um **Verbote** (*prohibitions*) und **verneinte Anweisungen** (*negative instructions*) auszudrücken:

! ***Must not*** heißt nicht ~~nicht müssen~~ sondern nicht dürfen!

*He **mustn't hit** children.* Er darf nicht Kinder schlagen. – Verbot
*You **mustn't be** rude.* Du darfst nicht unhöflich sein. – verneinte Anweisung

▶ *Must* und *need* kommen nur in der **Gegenwart** vor. Um über die **Vergangenheit** oder **Zukunft** zu reden, müssen wir *have to* statt *must* und *not have to* statt *needn't* benutzen:

*John **had to visit** a customer in Berlin **yesterday**.*
Gestern musste John einen Kunden in Berlin **besuchen**.
*I **will have to speak** to Ann about her decision **tomorrow**.*
Morgen werde ich mit Ann über ihre Entscheidung **sprechen müssen**.

▶ Ebenso müssen wir *not allowed to* benutzen, um *mustn't* in der **Vergangenheit** oder **Zukunft** zu verwenden:

*They **were not allowed to visit** Ann yesterday. She was too ill.*
Gestern **durften** sie Ann **nicht besuchen**. Sie war zu krank.
*We **won't be allowed to build** a house in this village.*
Wir **werden kein** Haus in diesem Dorf **bauen dürfen**.
↗ Modalverben

N

nail-clippers Nagelschere ↗ Paarwörter

naturally natürlich ↗ Adverbstellung

need/needn't ↗ Modalverben, ↗ auch *not have to, must*

news ↗ zählbare und nicht zählbare Nomen

nicht zählbare Nomen *uncountable nouns* ↗ zählbare und nicht zählbare Nomen

Notiz ↗ falsche Freunde

Null *nil/love, nought/zero, oh*
Im britischen Englisch wird die Zahl **Null** unterschiedlich ausgedrückt:

▶ **Telefonnummern, Kennziffern, Kontonummern usw.**: „Null" wird als der Buchstabe **O** (*oh*) angegeben:
Meine Kontonummer ist sechs – fünf – acht – **null** – neun – zwei.
*My account number is six – five – eight – **oh** – nine – two.*

In solchen Fällen wird im amerikanischen Englisch meist ***zero*** benutzt.

▶ **Sportergebnisse, außer Tennis**: „Null" ist hier ***nil***:
Leider haben wir drei null verloren.
Unfortunately, we lost three nil.
Im **Tennis** heißt „Null" *love*:
Wie steht's? – **Null** fünfzehn.
*What's the score? – **Love** fifteen.*

▶ **Mathematik, Naturwissenschaften und Technik, außer Temperaturangaben**: Hier heißt „Null" *nought*:
Eine Million hat sechs **Nullen**.
*A million has six **noughts**.*

In solchen Fällen wird im amerikanischen Englisch meist ***zero*** benutzt.

Bei **Temperaturangaben** benutzt man *zero*:
Heute Nacht war es mindestens fünf Grad unter **Null**.
*It was a least five degrees below **zero** last night.*

O

object to Einspruch erheben, beanstanden – *I **object to** crude language.* ↗ Verb + Präposition-Verbindungen

obviously offenkundig ↗ Adverbstellung

of course selbstverständlich ↗ Adverbstellung

on
Wie bei *at* und *in*, folgt hier eine „Minimalliste" von **wichtigen Wendungen mit *on***, die vom deutschen Gebrauch oft stark abweichen:

Zeit
on time – planmäßig
on the hour – zur vollen Stunde

Ort
on the road – auf der Straße
on the board – an der Tafel
on the notice-board – an der Anschlagtafel
on board – an Bord
on the sign – auf dem Schild
on the wall/door/… – an der Wand/Tür/…
on the beach – am Strand
on the coast – an der Küste
on the Rhine/Ruhr/… – am Rhein/an der Ruhr/…
on the bus/plane/… – im Bus/Flugzeug/…
on the first/second/… floor – im ersten/zweiten/… Stock
on the way to – unterwegs nach
on the left/right – links/rechts
on display – ausgestellt
on business – geschäftlich unterwegs
on hand – verfügbar

sonstige Beziehungen
on the radio – im Radio
on television – im Fernsehen
on the phone – am Telefon
on CD – auf CD
on holiday/vacation – im Urlaub
on foot – zu Fuß
on horseback – zu Pferd
on skis – auf Skiern
on occasion – gelegentlich

on purpose – absichtlich
on second thoughts – nach reiflicher Überlegung
↗ Einleitung zu *at*

on the whole im Großen und Ganzen ↗ Adverbstellung

one/ones
Anders als im Deutschen ist es im Englischen nicht möglich, **ein Adjektiv allein**, also ohne das dazugehörige Nomen, zu benutzen. Daher verwenden wir die beiden **Stützwörter** ***one*** (Singular) und ***ones*** (Plural), um eine hässliche Wiederholung von Nomen zu vermeiden: *The red car caused the accident, not* ***the blue one****.* Das rote Auto hat den Unfall verursacht, nicht das blaue. – *I find European films much better than* ***American ones****.* Ich finde europäische Filme viel besser als amerikanische. ↗ Top Ten der Stolpersteine

Ordinalzahlen *ordinal numbers* ↗ Zahlen, 2

Ordering words Diese ordnenden Wörter helfen, einen **Vorgang** in einer zeitlichen bzw. logischen Reihenfolge zu beschreiben:
first of all*:* zuerst – ***to begin with/for a start****:* zunächst einmal – ***from the start****:* von Anfang an
first/secondly/thirdly/fourthly/...: erstens/zweitens/drittens/viertens/...
after that*:* danach – ***next****:* als nächstes – ***then****:* dann
finally*:* schließlich – ***last but not least****:* nicht zuletzt – ***in conclusion****:* zum Abschluss

Ortsnamen usw. auf Englisch *German place names etc. in English*

Eine kleine Gruppe deutscher **Ortsnamen** usw. sind anders im Englischen. Gibt es eine englische Form, könnte es lästige Missverständnisse vermeiden helfen, wenn man sie bei englischsprachigen Anlässen auch benutzt. Viele englischsprachige Menschen wissen nicht, dass die Stadt, die sie z. B. ***Brunswick*** nennen, „Braunschweig" ist.

Städte

Basel – *Basle*
Braunschweig – *Brunswick*
Hannover – *Hanover*
Konstanz – *Constance*
Köln – *Cologne*
München – *Munich*
Nürnberg – *Nuremberg*
Wien – *Vienna*

Länder

Bayern – *Bavaria*
Kärnten – *Carinthia*
Mecklenburg-Vorpommern – *Mecklenburg-West Pommerania*
Niederösterreich – *Lower Austria*
Niedersachsen – *Lower Saxony*
Nordrheinwestfalen – *North Rhine-Westphalia*
Oberösterreich – *Upper Austria*
Rheinland-Pfalz – *Rhineland-Palatinate*
Sachsen – *Saxony*
Sachsen-Anhalt – *Saxony-Anhalt*
Thüringen – *Thuringia*

Geographische und historische Namen

Bodensee – *Lake Constance* NICHT ~~the lake of Constance~~
Donau – *Danube*
Franken – *Franconia*
Friesland – *Frisia*
Mittelgebirge – *Central (German) Uplands*
Norddeutsche Tiefebene – *North German Plain*
Nordfriesland – *North Frisia*
Ostfriesland – *East Frisia*
Ostsee – *Baltic Sea* – NICHT ~~East Sea~~
Rhein – *Rhine*
Schwaben – *Swabia*
Schwarzwald – *Black Forest* NICHT ~~Black Woods~~

ought to ↗ *should*

own eigener/e/es
Im Gegensatz zum Deutschen kann ***own*** nur zusammen mit *my*, *your*, *their* usw. verwendet werden:
*The Snows have **a car of their own**.* Die Snows haben **ein eigenes Auto**.

! Häufiger Fehler deutscher Englischlerner:
~~*The Snows have an own car.*~~

*Unfortunately, I don't have **my own book**.*
Leider habe ich **kein eigenes Buch**.

P

Paarwörter *pair nouns*

„Paarwörter" – z. B. *trousers* (Hose) und *glasses* (Brille) – bezeichnen Dinge, die aus zwei gleichen und miteinander verbundenen Teilen bestehen. Anders als im Deutschen können wir im Englischen solche „Paarwörter" nur im Plural, also mit *are*, *were* usw., gebrauchen:
Diese **Hose ist** dreckig. *These **trousers are** dirty.*

Wollen wir ein „Paarwort" im Singular oder mit einem Zahlwort im Plural verwenden, dann müssen wir *a/one pair of …* bzw. *two/three/… pairs of …* hinzufügen: Heute kaufte ich **drei Hosen**. *I bought **three pairs of trousers** today.* (NICHT … ~~three trousers~~ …)

Liste der wichtigsten Paarwörter

Kleidung *clothing*
briefs Slip, Unterhose
jeans Jeans
leggings Leggings
pants BE: Unterhose, AE: Hose
pyjamas (BE), AE: *pajamas* Schlafanzug
shorts kurze Hose, Shorts
swimming trunks Badehose

tights Strumpfhose
trousers Hose

Werkzeuge *tools*
nail-clippers Nagelschere
pincers Kneifzange
pliers Zange
scissors Schere, z. B. Papierschere, Stoffschere
shears Schere, z. B. Heckenschere, Blechschere
tweezer Pinzette
vernier callipers Mess-Schieber
wire strippers Abisolierzange

Andere
binoculars Fernglass
glasses Brille
goggles Schutzbrille
headphones Kopfhörer

pants BE: Unterhose, AE: Hose ↗ Paarwörter

pass reichen
Could you pass me the stapler please?
Könnten Sie mir bitte den Tacker reichen/angeben?

Passiv

Bei der Anwendung des Passivs gibt es drei Stolpersteine: 1) der Gebrauch von ***by***, 2) Sätze mit Modalverben (*can/must/may* etc.) und 3) Sätze mit zwei Objekten. ↗ unpersönliches Passiv

1 Wollen wir den **Verursacher** einer Handlung in einem Passivsatz angeben, benutzen wir ***by***. Normalerweise wird ***by*** mit einer **identifizierbaren Person** bzw. **Gruppe** oder einer **Ursache** des Vorganges verwendet:

These cell-phones are made ***by Nokia***. Diese Handys werden **von Nokia** hergestellt.

The election was won ***by New Labour***. Die Wahl wurde **von New Labour** gewonnen.
The fire was caused ***by a short-circuit***. Die Ursache des Feuers war **ein Kurzschluss**.

! **Beachten Sie**, dass dieser Verursacher immer mit ***by*** – also NIE mit ~~*from*~~! – gebildet wird.

2 Passivsätze **mit Modalverben** (*can/must/may* etc.) werden nach dem Satzmuster **Subjekt + can/must/may etc. +** ***be*** **+ Partizip Perfekt** (3. Form) gebildet:

Tickets can be bought *at the kiosk*. Eintrittskarten kann man am Kiosk kaufen.
The oil must be checked *daily*. Das Öl muss täglich kontrolliert werden.

3 Bei **Verben mit zwei Objekten** benutzen wir meist das **indirekte Objekt** (im folgenden Satz: Ann) als Subjekt eines Passivsatzes.

Somebody sent ***Ann*** *some flowers*. Jemand schickte **Ann** Blumen.
Ann *was sent some flowers*. **Ann** wurden Blumen geschickt.

pay – *paid* – *paid* zahlen

perhaps vielleicht ↗ Adverbstellung

permit erlauben ↗ Verb + Verb-Verbindungen

pincers Kneifzange ↗ Paarwörter

plan planen – *Mrs Snow* ***is planning to move*** *in May*. ↗ Verb + Verb-Verbindungen

play Theaterstück ↗ *play/game*, leicht verwechselbare Wörter, 2

plenty of, loads of/masses of Möchten wir „mehr als genug" ausdrücken, verwenden wir *plenty of* bzw. *loads of/masses of* (weniger formell) mit **zählbaren** sowie mit **nicht zählbaren** Nomen. Von der Bedeutung her kommen diese Ausdrücke meist in **bejahten Aussagen** vor:

John can pay. He has ***plenty of money****.* John kann zahlen. Er hat **mehr als genug** Geld.
Don't buy any bread. We have ***masses of rolls****.* Kauf kein Brot. Wir haben **so viele** Brötchen.
↗ zählbare und nicht zählbare Nomen; ↗ *much/many/a lot of*

pliers Zange ↗ Paarwörter

police ↗ Sammelbegriffe

Politik
Hier müssen die Begriffe *policy* (politisches Programm, politische Strategie) und *politics* (Politik als Gesamtbegriff) unterschieden werden.
Do we need a ***policy*** *of international co-operation or just a better defence* ***policy****?* Brauchen wir eine **Politik** der internationalen Zusammenarbeit oder eine einfach eine bessere Verteidigungs**politik**?
Unfortunately ***politics*** *has little to do with ordinary people.* Leider hat die **Politik** wenig mit normalen Menschen zu tun.
We review websites relating to ***politics****.* Wir besprechen Websites, die sich mit **Politik** befassen.

Portuguese Portugiese, Portugiesin, portugiesisch ↗ unregelmäßiger Plural, 2

Postanschriften
Bei der formellen Gestaltung von britischen und amerikanischen Postanschriften kommen immer wieder Fehler vor. ↗ Briefgestaltung
Hier sind zwei Beispiele mit Anmerkungen:

Britische Firmenanschrift

Fox, Kendall & Co Ltd	kein Punkt nach **Co** (*Company*) und **Ltd** (*Limited*)
23 York Road	**Gebäudenummer** vor Straßennamen, kein Komma
Bristol	**Postort** allein und auf einer Zeile, kein Komma
BR3 4ST	**Postleitzahl** allein mit Zwischenraum, kein Komma
England	**Land** (*England, N. Ireland, Scotland, Wales*), kein Punkt

Amerikanische Firmenanschrift

United Studios Inc.	Punkt nach **Inc.** (*Incorporated*), kein Komma
258 Ocean Parkway	**Gebäudenummer** vor Straßennamen, kein Komma
San Diego, CA 26891	**Postort** + **Postleitzahl** mit Komma und Zwischenraum
USA	**Land**

[!] **Private Anschriften** werden genauso geschrieben. Bei **Gleichaltrigen** werden die allgemeinen Anreden *Mr/Mrs/Ms* normalerweise nicht benutzt, sondern einfach ***Alison Fox*** oder ***Ben Snow***. Gibt es übrigens einen nennenswerten **Altersunterschied** ist die Benutzung der Anrede, z. B. ***Mrs Sarah Green*** oder ***Mr John Cooper***, noch üblich. ↗ Briefgestaltung

practicable umsetzbar ↗ *practical/practicable*, leicht verwechselbare Wörter, 3

practical praktisch ↗ *practical/practicable*, leicht verwechselbare Wörter, 3

practice Übung ↗ *advice*

practise üben – *The team* ***practised tackling*** *all afternoon.* ↗ Verb + Verb-Verbindungen; ↗ *advice*

prefer vorziehen ↗ Verb + Verb-Verbindungen

prescribe verschreiben ↗ *prescribe/proscribe*, leicht verwechselbare Wörter, 1

prescription (ärztliches) Rezept *available on prescription* verschreibungspflichtig

present präsentieren

present perfect (*have/has played*) ↗ die Gegenwart, 3; ↗ die Vergangenheit, 3

principal Haupt-, *principal ingredient* Hauptbestandteil ↗ *principal/principle*, leicht verwechselbare Wörter, 4

principle Prinzip ↗ *principal/principle*, leicht verwechselbare Wörter, 4
It's the principle of the thing. Es geht dabei ums Prinzip.

progress ↗ zählbare und nicht zählbare Nomen

promise versprechen – *Please* ***promise to try*** *harder in future.* ↗ Verb + Verb-Verbindungen

proscribe verbieten ↗ *prescribe/proscribe*, leicht verwechselbare Wörter, 1

put – *put* – *put* (gesprochen „putt“) setzen, stellen, legen
Setzen/Stellen/Legen Sie bitte meinen Koffer dort drüben hin.
Please ***put*** *my case over there.*

putt – *putted* – *putted* (gesprochen „patt“) putten, einlochen (Golf)

pyjamas (BE), AE: ***pajamas*** *Schlafanzug* ↗ Paarwörter

Q

question tags ↗ Frageanhängsel

quite
Das Adverb *quite* hat im Wesentlichen zwei Bedeutungen, je nach Gebrauch.
Our new boss is ***quite*** *nice*. Unser neue Chef ist **ganz** nett.
Violence is ***quite*** *unacceptable*. Gewalt ist **gänzlich** unakzeptabel.
Darüber hinaus gibt es einige gängige **Redewendungen** mit *quite*:
That was quite something! Das war ziemlich gut/echt klasse!
That is quite out of the question. Das ist vollkommen ausgeschlossen.
Oh, quite! Ganz genau. Sehr richtig. (stärkere Zustimmung)

R

read – *read* – *read* lesen

ready fertig, „startbereit“ ↗ *finished/ready*, leicht verwechselbare Wörter, 3

receipt Quittung ↗ *receipt/recipe*, leicht verwechselbare Wörter, 2

Rechtschreibung *spelling*

Anders als bei der deutschen Rechtschreibung, die im Wesentlichen die genaue schriftliche Darstellung der gesprochenen Sprache ist, hat die englische Rechtschreibung manchmal nur wenig mit der gesprochenen Sprache zu tun. Daher ist die Rechtschreibung – übrigens auch für Muttersprachler – ein äußerst fehlerträchtiger Stolperstein. Dies bedeutet aber nicht, dass es im Englischen gar keine Rechtschreibregeln gibt. Im Gegenteil, man kann sich an einer Reihe von zuverlässigen Schreibregeln orientieren.

Das Anhängen von Endungen

1 **-*ed*-Endungen** *-ed-endings* Die *-ed*-Endung kommt bei der Bildung der Vergangenheit (des Präteritums) und des Partizip Perfekts vor. **Beachten Sie** dabei:

▶ Ein **stummes** *-e* fällt weg: *dance* > *danced*; *live* > *lived*; *phone* > *phoned*

▶ Eine *-y*-Endung **nach einem Konsonanten** wird zum *-i*: *carry* > *carried*; *imply* > *implied* (hindeuten auf); *pity* > *pitied* (bemitleiden)

▶ Die **Endbuchstaben** *-b*, *-d*, *-m*, *-p*, *-s* und *-t* verdoppeln sich nach einem **einfachen** Vokal: *beg* > *begged* (betteln); *drip* > *dripped* (tropfen); *fit* > *fitted* (passen)

2 **-*ing*-Endungen** *-ing-endings* Die *-ing*-Endung kommt bei der Bildung der *progressive*-Zeiten, des Gerundiums und des Partizip Präsens vor. **Beachten Sie** dabei:

▶ Bei Verben, die auf *-e* enden, lassen wir den Endbuchstaben *-e* weg: *make* > *making*; *take* > *taking*; *bake* > *baking*

▶ Bei Verben, die mit einem **kurzen Vokal + Konsonanten** enden, wird der Endkonsonant verdoppelt: *put* > *putting*; *run* > *running*; *stop* > *stopping*

3 **-*ly*-Endungen** *-ly-endings* Die **-*ly*-Endung** kommt nur bei der **Bildung von -*ly*-Adverbien** vor. In weitaus den meisten Fällen wird *-ly* einfach auf dem unveränderten Ad-

jektiv angehängt, z. B. *cheap* > *cheaply*; *expensive* > *expensively*. **Beachten Sie** aber diese wichtige **Besonderheiten**:

▶ Endet das Adjektiv auf *-y* wird das *-y* zum *-i* **vor dem Anhängen** der *-ly*-Endung: *angry* > *angrily*; *busy* > *busily*; *pretty* > *prettily*

▶ Endet das Adjektiv auf *-ic* wird *-al* hinzugefügt vor dem Anhängen der *-ly*-**Endung**: *automatic* > *automatically*; *ecstatic* > *ecstatically*; *enthusiastic* > *enthusiastically*

▶ Endet das Adjektiv auf *-able* bzw. *-ible* fällt die *-e*-Endung weg vor dem Anhängen von *-ly*: *legible* > *legibly*; *knowledgeable* > *knowledgeably*; *possible* > *possibly*; *probable* > *probably*

Beachten Sie diese **Unregelmäßigkeiten**: *true* > *truly*; *due* > *duly* (wie erwartet); *whole* > *wholly*; *dull* > *dully* (trübe); *full* > *fully*

4 **-s-Endungen** *-s-endings* Die *-s*-Endung kommt in der 3. Person Singular Präsens (*simple present*) und vor allem in der Pluralbildung vor. **Beachten Sie** dabei:

▶ Bei einem **abschließenden Zischlaut** (*-ch*, *-sh*, *-ss*, *-tch*, *-x*, *-z*) fügen wir *-e* hinzu vor dem Anhängen von *-s*: *church* > *churches*; *fish* > *fishes*; *kiss* > *kisses*; *catch* > *catches*; *box* > *boxes*; *fizz* > *fizzes* (zischend sprideln)

▶ Endet der Singular auf *-y* wird das *-y* zum *-ie* vor dem Anhängen von *-s*: *baby* > *babies*; *family* > *families*; *carry* > *carries*

▶ Endet der Singular auf *-fe* wird das *-f* zum *-v*: *knife* > *knives*; *life* > *lives*; *wife* > *wives*

▶ Endet der Singular auf einem **einfachen** *-f* wird das *-f* meistens zum *-ve* vor dem Anhängen von *-s*: *half* > *halves*; *self* > *selves*; *shelf* > *shelves*. **Beachten Sie aber**: *chief* > *chiefs*; *handkerchief* > *handkerchiefs*; *roof* > *roofs*

▶ Endet der Singular auf *-o* **nach einem Vokal** wird *-s* angehängt: *cuckoo* > *cuckoos* (Kuckuck); *radio* > *radios*; *video* > *videos*

▶ Endet der Singular auf *-o* **nach einem Konsonanten** wird die *-s*-Endung unterschiedlich angehängt. Da es keine zuverlässige Regel gibt, hier sind Listen der gängigsten Wörter:

Anhängen eines einfachen -*s*: *concerto* > *concertos*; *dynamo* > *dynamos*; *euro* > *euros*; *kilo* > *kilos*; *memo* > *memos* (Aktennotiz); *photo* > *photos*; *piano* > *pianos*; *studio* > *studios*
Anhängen von -*es*: *cargo* > *cargoes*; *echo* > *echoes*; *hero* > *heroes*; *potato* > *potatoes*; *tomato* > *tomatoes*

Wörter, die oft falsch geschrieben werden *Words often wrongly spelt* Die folgende Liste beinhaltet gängige Wörter, die immer wieder falsch geschrieben werden. Die blau gedruckten Buchstaben sind besonders zu beachten.

Verben: *accommodate* unterbringen – *believe* glaublen – *embarrass* in Verlegenheit bringen – *exaggerate* übertreiben – *forecast* vorhersagen – *fulfil* erfüllen – *harass* mobben – *integrate* integrieren – *receive* empfangen – *recommend* empfehlen – *swap* austauschen

Nomen: *accommodation* Unterkunft – *acquaintance* Bekannte(r) – *address* Adresse – *defendant* Angeklagte(r) – *embarrassment* Verlegenheit – *exaggeration* Übertreibung – *fulfillment* Erfüllung – *government* Regierung – *harassment* Mobbing – *independence* Unabhängigkeit – *instalment* Rate, Fortsetzung – *jewellery* Schmuck – *naivety* Naivität – *parliament* Parlament – *program* Computerprogramm – *programme* Programm, Sendung – *receipt* Quittung – *recipe* Rezept – *representative* Vertreter(in) – *storey* Stockwerk

Adjektive: *advisory* beratend – *biased* voreingenommen – *conscientious* gewissenhaft – *convenient* komfortable, praktisch – *dependent* abhängig – *eighth* achte – *embarrassed* verlegen – *fourth* vierte – *medieval* mittelalterlich – *mischievous* spitzbübisch – *ninth* neunte

recipe Rezept (Kochen) – ärztliches Rezept: ↗ *prescription* ↗ *receipt/recipe*, leicht verwechselbare Wörter, 2

recommend empfehlen ↗ Verb + Verb-Verbindungen

Redewendungen ↗ deutsche Wendungen, ↗ englische Wendungen

Reflexivpronomen *reflexive pronouns* ↗ *self/selves*

refuse ablehnen – *The class* ***refused to do*** *the test.* ↗ Verb + Verb-Verbindungen

regret bedauern ↗ Verb + Verb-Verbindungen

rely on vertrauen auf, verlassen auf – *You can't* ***rely on*** *good weather.* ↗ Verb + Präposition-Verbindungen

remember erinnern ↗ Verb + Verb-Verbindungen

Rente *pension*, NICHT ~~*rent*~~ ↗ falsche Freunde

repel abstoßen ↗ *repel/repulse*, leicht verwechselbare Wörter, 1

repulse abwehren ↗ *repel/repulse*, leicht verwechselbare Wörter, 1

research Forschung ↗ zählbare und nicht zählbare Nomen

Rezept ↗ falsche Freunde ↗ *recipe* ↗ *prescription*

ride – *rode* – *ridden* reiten

ring – *rang* – *rung* klingeln, anrufen
Wenn ich nicht zu Hause bin, **klingeln** Sie nebenan.

*If I'm not at home, **ring** next door.*
Ich **rufe** Dich morgen **an**. *I'll **ring** you tomorrow.*

risk riskieren – *Don't **risk losing** your job.* ↗ Verb + Verb-Verbindungen

S

's/' *apostrophe 's/'* **Beachten Sie** die folgenden **Schreibregeln** beim Gebrauch des 's:

1 's/' um Besitz anzuzeigen *'s/' to show possession*
***David's job** is quite difficult.* – Namen ohne -*s*: **'s**
*I love Dylan **Thomas's** poetry.* – Singular Namen mit **-*s***: **'s**
*The **Jones's** garden won a prize.* – Plural Namen mit weichem, stimmhaftem **-*s***: **'s**

*My **friend's** girlfriend is Russian.* – Personen im Singular: **'s**

***Women's** pay is lower than **men's**.* – Personen im Plural ohne -*s*: **'s**
*The **dog's** bowl is empty.* – Tiere im Singular: **'s**
*The **mice's** hole was in the kitchen.* – Tiere im Plural ohne -*s*: **'s**

***Workers'** rights are often ignored.* – Personen im Plural: **'**

*The **Smiths'** son is horrible.* – Plural Namen mit stimmlosem **-*s***: **'**

Beachten Sie unbedingt: Die Kombination Apostroph + s: **'*s***, wird NIE benutzt, um den Plural zu bilden.
↗ (der) Genitiv

2 ' um eine Kurzform anzuzeigen *' to indicate a short form*
Der **Apostroph** (') wird auch benutzt um den fehlenden Buchstaben bei der Bildung der **Kurzform** anzuzeigen, z. B. *isn't* statt *is not* und *doesn't* statt *does not*. ↗ Kurzformen

Sammelbegriffe *group nouns*
Wie im Deutschen werden **Sammelbegriffe** wie *family* im **Singular** verwendet:
My ***family is*** *spread all over Europe.*
Meine Familie ist überall in Europa verteilt.

Anders als im Deutschen gilt dies auch für die **Pluralnamen von Staaten und Staatengemeinschaften**:
The ***United States is*** *very powerful.*
Die **Vereinigten Staaten sind** sehr mächtig.

Andere wichtige Pluralnamen von Staaten sind: *the Bahamas – the Gulf States – the Netherlands – the Philippines*

Firmennamen (BASF, Siemens, Volkswagen etc.) können sowohl im Plural wie im Singular benutzt werden.
Volkswagen is *a partner in a number of joint ventures in China.*
Volkswagen are *entering into a long-term partnership with IUCN.*

Beachten Sie aber, dass die **Sammelbegriffe** *military, people* und *police* immer mit *they* (3. Person Plural) und ggf. *who* gebraucht werden:
The police, ***who are*** *heavily armed,* ***are*** *stopping all cars.*
Die Polizei, die schwer bewaffnet **ist, hält** gerade alle Autos an.

say *– said – said* sagen

Schlussformel ↗ Briefgestalltung

scissors Schere ↗ Paarwörter

search for suchen – *I'm* ***searching for*** *my purse.*↗ Verb + Präposition-Verbindungen

see *– saw – seen* sehen

-self/-selves

Die *self*-Pronomen werden meist anders benutzt als ihre Entsprechungen im Deutschen. *Self/selves* beziehen sich **rückwirkend** bzw. **betonend** ausschließlich auf das **Subjekt** des Satzes.

***Ann** cut **herself** cooking.* Ann hat **sich** beim Kochen geschnitten. – **rückwirkend**
***Ben** told me that **himself**.* Ben hat mir das **selbst** gesagt. – **betonend**

Die Bedeutung „sich“ oder „einander“ wird nicht mit den *self*-Pronomen, sondern mit *each other* oder *one another* zum Ausdruck gebracht: ↗ *each other/one another*
Vergleichen Sie:
***They** often argue with **each other**.* (NICHT ~~*themselves*~~.)
Sie streiten **sich** oft./Sie streiten oft miteinander. – **wechselseitig**

! **Beachten Sie** die Schreibweise: *ourselves*, *yourselves*, *themselves*.

self-conscious gehemmt, befangen, verlegen – NICHT ~~selbstbewusst~~ ↗ falsche Freunde

***sell** – sold – sold* verkaufen

***send** – sent – sent* senden

sensibel *sensitive* ↗ falsche Freunde

sensible rational, vernünftig, klug – NICHT ~~sensibel~~, ↗ falsche Freunde

seriös *respectable, reputable* NICHT ~~*serious*~~ ↗ falsche Freunde

setzen *sit – sat – sat* ↗ *put*

shadow Schatten: im Sinne von: „der Schatten eines Gegenstandes, der in der Sonne steht“ ↗ *shade/shadow*, leicht verwechselbare Wörter, 2

shade Schatten: eher im Sinne von: „ein schattiger Ort“ ↗ *shade/shadow*, leicht verwechselbare Wörter, 2

shears Schere ↗ Paarwörter

sheep Schaf ↗ unregelmäßiger Plural, 2

shoot – *shot* – *shot* schießen

short answers ↗ Kurzantworten

shorts kurze Hose, Shorts ↗ Paarwörter

should*/ought to* Die Modalverben *should* und *ought to* haben genau die gleiche Bedeutung. Wie das deutsche Modalverb „sollten“ drücken sie eine **neutrale Empfehlung** aus:

Ben ***should work*** *harder.* Ben **sollte** härter **arbeiten**.
They ***shouldn't drink*** *so much.* Sie **sollten nicht** so viel **trinken**.

! Um eine Empfehlung in Form einer zwingenden Notwendigkeit auszudrücken, verwenden wir – genau wie bei dem deutschen Modalverb müssen – *must* statt *should/ought to*:

Ben, you ***really must work*** *harder.* Ben, du **musst wirklich** härter **arbeiten**.
They ***mustn't drink*** *so much in future.* In Zukunft **dürfen sie** nicht so viel **trinken**.
↗ Modalverben, wichtige Merkmale; ↗ *must/needn't, mustn't*

should have ↗ *if*-Sätze

show – *showed* – *shown* zeigen

shut – *shut* – *shut* schließen

silly albern ↗ Adjektive auf *-ly*

sing – *sang* – *sung* singen

sit – *sat* – *sat* sitzen

sleep – *slept* – *slept* schlafen

slide – *slid* – *slid* gleiten

smell – *smelt* – *smelt* riechen

sobald *as soon* as ↗ Konjunktionen
I will let them know as soon as they arrive. Ich lasse es sie wissen, sobald sie ankommen.

sociable gesellig ↗ *social/sociable*, leicht verwechselbare Wörter, 3

social *Sozial-* ↗ *social/sociable*, leicht verwechselbare Wörter, 3

sondern *but* ↗ Konjunktionen
It was not green but red. Es war nicht grün sondern rot.

some/any und ihre Zusammensetzungen *some/any and their compounds*

▶ Wir benutzen ***some*** in **bejahten Aussagen** und ***any*** in **verneinten Aussagen** und **„echten" Fragen**:

We have ***some*** *beer.* Wir haben (etwas) Bier. – bejahte Aussage
We don't have ***any*** *wine*. Wir haben keinen Wein. – verneinte Aussage

*Do we have **any** juice?* Haben wir (überhaupt) Saft? – „echte" Frage

▶ Drückt eine **Frage** eine **Bitte** bzw. ein **Angebot** aus, auf die eine positive Antwort erwartet wird, benutzen wir ebenfalls *some*:

*Can I have **some** more sugar, please?* Kann ich **etwas** mehr Zucker haben, bitte?
*Would you like **some** coffee?* Hätten Sie gerne einen Kaffee?
↗ unregelmäßige Steigerung

▶ Wir benutzen die **Zusammensetzungen** von *some* und *any* – also *somebody/someone*, *something*, *somewhere* und *anybody/anyone*, *anything*, *anywhere* – in genau derselben Art und Weise:

*I heard **somebody** outside.* Ich hörte jemanden draußen. – bejaht
*I don't know **anything** about it.* Ich weiß nichts davon. – verneint
*Have you seen Ben **anywhere**?* Haben Sie Ben irgendwo gesehen? – Frage

spacecraft Raumfahrzeug ↗ unregelmäßiger Plural, 2

speak – *spoke* – *spoken* sprechen

spend – *spent* – *spent* ausgeben

spenden *donate*, Blut: *give* ↗ falsche Freunde

spoil – *spoilt* – *spoilt* verderben; verwöhnen
*His boozing **spoilt** the whole evening.* Seine Sauferei **verdarb** den ganzen Abend.
*We arrived as strangers and left as friends, **spoilt** by the superb hospitality of Kathy and Rolf.* Wir kamen als Fremde und gingen als Freunde, verwöhnt von der außergewöhnlichen Gastfreundschaft von Kathy und Rolf.

➤ S. 108

Vorsicht:

Es werden hier nur die wichtigsten grammatikalischen Stolpersteine bei der Übersetzung aus dem Englischen ins Deutsche genannt.

1 Bei folgenden **Nomen** achten Sie auf die Abweichungen zwischen Deutsch und Englisch:

▶ Einige wichtige nicht zählbare Nomen kommen im Englischen nur im **Singular** vor, müssen aber im Deutschen unter Umständen im **Plural** übersetzt werden.
*The **news** from Afghanistan **is** not good.* ↗ zählbare und nicht zählbare Nomen
Die **Nachrichten** aus Afghanistan **sind** nicht gut.

▶ Nomen, die ein **miteinander verbundenes Paar** bezeichnen, sind im Englischen immer **Plural**, im Deutschen aber **Singular**:
*These scissors **are** blunt.* ↗ Paarwörter
Diese Schere **ist** stumpf.

▶ Die **Sammelbegriffe** *military*, *people* und *police* stehen im Englischen im **Plural**:
*The military **are** not willing to allow free elections.* ↗ Sammelbegriffe
Das Militär **ist** nicht bereit, freie Wahlen zuzulassen.

2 **Problem: Adverbien** Einige englische Adverbien haben **zwei Formen** mit **unterschiedlicher Bedeutung**:
*Trucks often drive too **close** to each other.*
Lastwagen fahren oft zu **nah** aneinander auf.
*He examined our passports **closely**.*
Er hat unsere Pässe **genau** kontrolliert.

3 **Problem: Zeiten**

Present perfect
▶ Eine Handlung, die in der Vergangenheit angefangen hat und **immer noch andauert**, wird mit ***for/since*** („seit") beschrieben. Im Deutschen verwenden wir die **Gegenwart**, oft mit „schon".

Übersetzung!

*We **have lived** here **for ten years**.*
Wir **wohnen** hier **schon seit** zehn Jahren.
*She **has been waiting** for her operation **since last May**.*
Sie **wartet schon seit** letztem Mai auf ihre Operation.

▶ Englische Sätze mit ***just***, die eine gerade vollzogene noch wirksame Handlung beschreiben, werden im Deutschen durch die vollendete Gegenwartsform (z. B. hat gemacht) + „gerade/soeben" übersetzt:
*I **have just opened** the windows.*
Ich **habe gerade** die Fenster **aufgemacht**.
*The government **has just closed** the borders.*
Die Regierung **hat soeben** die Grenzen **geschlossen**.

Die *progressive*-Zeiten Da es keine *progressive*-Zeiten in der deutschen Hochsprache gibt, werden die englischen *progressive*-Zeiten – falls überhaupt nötig – mit Hilfe eines geeigneten Adverbs wiedergegeben.

▶ Das ***present progressive*** übersetzen wir mit der Gegenwart, oft mit „gerade" oder „im Augenblick":
*I can't sleep because the Coopers **are mowing** their lawn.*
Ich kann nicht schlafen, da die Coopers **(gerade)** ihren Rasen **mähen**. (oder „... **dabei sind**, ihren Rasen **zu mähen**.")

▶ Das ***past progressive*** übersetzen wir mit der der Vergangenheit, falls nötig mit „gerade":
*I nearly had an accident when I **was driving** home.*
Ich hatte (gerade) fast einen Unfall, als ich nach Hause **fuhr**.

▶ Das ***present perfect progressive*** wird im Deutschen durch die Gegenwartsform übersetzt, falls nötig mit „schon"
*Women **have been fighting** for equal pay for generations.*
Die Frauen **kämpfen schon** seit Generationen um gleiche Bezahlung.

***Going to*-Futur**

▶ Drückt ***going to*** einen Plan bzw. eine Absicht aus, verwendet man im Deutschen am besten „vorhaben/beabsichtigen“:
*The minister **is going to hold** a special press conference.*
Der Minister **hat vor**, eine spezielle Pressekonferenz **abzuhalten**.

▶ Drückt ***going to*** aus, dass ein bestimmtes zukünftiges Ereignis offensichtlich stattfinden wird, übersetzt man es mit dem deutschen Futur, falls nötig mit „sicherlich/bestimmt“:
*The tree **is going to fall down** in the next storm.*
Der Baum **wird (bestimmt)** beim nächsten Sturm **umfallen**.

4 **Das Passiv** kommt im Englischen viel häufiger vor als im Deutschen (s. unter Passiv). Es ist bei der Übersetzung englischer Passivformen oft besser oder sogar notwendig, im Deutschen eine **Aktivform** zu benutzen.

▶ Gibt es im englischen Satz keinen Handlungsträger/Verursacher der mit ***by*** signalisiert wird, benutzen wir im Deutschen ebenfalls das **Passiv**:
*My computer **was manufactured** in the USA.*
Mein Computer **wurde** in den USA **hergestellt**.

▶ Wenn ein Handlungsträger/Verursacher mit ***by*** signalisiert wird, macht man ihn zum **Subjekt eines Aktivsatzes** im Deutschen:
*Australia **was not discovered by James Cook**.*
James Cook hat Australien **nicht entdeckt**.

▶ Übersetzen wir **Passivsätze mit *can*, *may*, *shall*, *must* u.Ä.**, benutzen wir im Deutschen **„man“ mit einem aktiven Verb**:
*Tickets **can be bought** at the kiosk.*
Man kann Eintrittskarten am Kiosk **kaufen**.

▶ Das **unpersönliche Passiv** (*It* + eine Form von *be* + ein Verb des Sprechens oder Denkens) wird im Deutschen ebenfalls durch **„man“** wiedergegeben:
***It is said** that the minister wants to resign.*
Man sagt, dass der Minister zurücktreten will.

5 Die indirekte Rede *reported speech*

Beim Übersetzen der indirekten Rede wird die dort angewendete **Verschiebung der Zeitformen** im Deutschen mit dem **Konjunktiv** wiedergegeben:
*The teacher said she **was** satisfied with her class.*
Die Lehrerin sagte, dass sie zufrieden mit ihrer Klasse **sei**.
*Ben said he **had had** an awful week.*
Ben sagte, dass er eine schreckliche Woche **gehabt habe**.

6 *-ing*-Formen, Infinitive, Partizipien und Relativsätze ohne Relativpronomen

▶ Englische ***-ing*-Formen**, die nach bestimmten Verben stehen, werden im Deutschen **durch Vollverben** übersetzt:
*Frank **mentioned seeing** Ben in town.*
Frank **erwähnte**, dass er Ben in der Stadt **gesehen hat**.
*We mustn't **risk losing** the match.*
Wir dürfen nicht **riskieren**, das Match zu **verlieren**. ↗ Verb + Verb-Verbindungen

▶ Sätze mit ***want*** (wollen)/***like*** (hier: möchten)/***order*** (befehlen)/***expect*** (erwarten)/***tell*** (hier: auffordern)/***wish*** (hier: möchten) **+ Objekt + Infinitiv** gibt man im Deutschen durch einen **vollständigen Relativsatz** wieder:
*Almost all parents **want their children to be** happy.*
Fast alle Eltern **wollen**, **dass ihre Kinder glücklich sind**.
*We naturally **expect employers to pay** a fair wage.*
Natürlich **erwarten** wir, **dass Arbeitgeber einen gerechten Lohn bezahlen**.

▶ Englische Partizipien (in den folgenden Sätzen: *arriving* und *damaged*), die **Relativsätze verkürzen**, werden im Deutschen durch einen **vollständigen Relativsatz** wiedergegeben:
***Guests arriving late** will lose their reservation.*
Gäste, die spät ankommen, werden ihre Reservierung verlieren.
*Where is **the car damaged in the accident**?*
Wo ist das Auto, **das in dem Unfall beschädigt wurde**?

stand – *stood* – *stood* stehen

start beginnen ↗ Verb + Verb-Verbindungen

stationary ruhend (sich nicht bewegend), stehend ↗ *stationary/stationery*, leicht verwechselbare Wörter, 4

stationery Schreibwaren ↗ *stationary/stationery*, leicht verwechselbare Wörter, 4

steal – *stole* – *stolen* stehlen

Stellung von Adverbien ↗ Adverbstellung

stick – *stuck* – *stuck* steckenbleiben, kleben

stop anhalten, aufhören ↗ Verb + Verb-Verbindungen
Beachten Sie die unterschiedliche Bedeutung von *stop* vor der *-ing*-Form und vor einem Infinitiv:
If you only could stop thinking once. Wenn du nur einmal aufhören könntest nachzudenken.
Stop to think. Halte inne und denk mal nach.

straight gerade, geradwegs Bei ***straight*** ist die Form des Adjektivs und des Adverbs identisch:
*A **straight** road has no bends.* Eine gerade Straße hat keine Kurven.
*Jane went **straight** home.* Jane ging geradewegs nach Hause.

succeed in gelingen, erfolgreich sein bei – *Jane **succeeded in** getting the job.* ↗ Verb + Präposition-Verbindungen

suchen *I'm **searching for** my purse.* ↗ Verb + Präposition-Verbindungen

suffer from leiden an – *Mrs Coe **suffers from** backache.* ↗ Verb + Präposition-Verbindungen

suggest vorschlagen – *I* ***suggest having*** *the party on 2 October.* ↗ Verb + Verb-Verbindungen

swim – *swam* – *swum* schwimmen

swimming trunks Badehose ↗ Paarwörter

Swiss Schweizer, Schweizerin, schweizerisch ↗ unregelmäßiger Plural, 2

sympathisch *nice, pleasant* ↗ falsche Freunde

T

take – *took* – *taken* nehmen
↗ *bring/take*, leicht verwechselbare Wörter, 1
take **– die gängigsten Wendungen**
take action – etwas unternehmen
take advice – Rat annehmen
take aim – zielen
take a shower/a bath – sich duschen/baden
take a break – Pause machen
take care – auf sich aufpassen
take charge of – die Verantwortung übernehmen
take effect – in Kraft treten
take an exam – eine Prüfung machen
take fright – erschrecken
take a holiday/vacation – Urlaub machen
take a job – eine Stelle finden
take a joke – Spaß verstehen
take a look (at) – einen Blick werfen (auf)
take notes – sich Notizen machen
take offence – beleidigt sein
take part in – teilnehmen an
take a photo – ein Foto machen
take pity (on) – Erbarmen haben (mit)

take pride (in) – stolz sein (auf)
take a risk – ein Risiko eingehen
take one's time (to do sth.) – sich (für etwas) Zeit lassen
take a turn (at doing sth.) – (etwas) für eine Weile übernehmen
take a walk – einen Spaziergang machen

tasteful geschmackvoll ↗ *tasty/tasteful*, leicht verwechselbare Wörter, 3

tasty lecker ↗ *tasty/tasteful*, leicht verwechselbare Wörter, 3

teach – *taught* – *taught* unterrichten, lehren
Er **unterrichtet** an einer Grundschule. *He **teaches** at a primary school.*
1999 **lehrte** sie in den USA. *In 1999 she **taught at a university** in the USA.*

Telefonnummern
*Please call/phone/ring me as soon as you arrive. My number's Leeds **five – seven – nought/oh – double nine – nine**, okay?*
*The number for the USA is **zero – zero – one**.*
*You can always reach me on my mobile. The number's **nought/oh – one – seven – one** then **nine – double eight – six – two – nought/oh – one**, okay?"*
Wenn Sie eine Telefonnummer angeben, sagen Sie nacheinander die einzelnen Nummern. Eine Null geben dabei Sie wie den Buchstaben *O* an. In amerikanischem Englisch ist auch *zero* möglich. Doppelte Nummern nennen Sie z. B. *double eight*, in USA *eight eight*.

! Benutzen Sie **nie** wie im Deutschen die Zehnerziffern bei der Wiedergabe von Telefonnummern, z. B. *thirty-one – ninety-nine – seventeen* für 31 99 17.

tear – *tore* – *torn* reißen

***tell** – told – told sagen* erzählen, auffordern
Können Sie mir bitte **sagen**, wie spät es ist? *Can you please **tell** me the time?*
Der Lehrer **erzählte** eine spannende Geschichte. *The teacher **told** an exciting story.*
In der Bedeutung „jmd. auffordern, etwas zu tun" benutzen wir *tell* mit einem **Objekt** und dem ***to*-Infinitiv**:
*The police officer **told us to leave** the building.*
Der Polizist **forderte uns auf**, das Gebäude zu verlassen.

that/those ↗ *this/these*

the – Der bestimmte Artikel

Da der **bestimmte Artikel** (↗ *a/an* – Der unbestimmte Artikel) viel häufiger im Deutschen als im Englischen benutzt wird, haben die meisten Fehler mit dem **unnötigen Gebrauch** von ***the*** zu tun. Hier also sind die **wichtigsten Stolpersteine**:
Möchten wir **generell und ohne Ausnahme** reden, wird im Englischen der bestimmte Artikel **nicht** gebraucht:

***Life** can be hard.* Das Leben kann hart sein. – das Leben generell
***Bavarians** are different.* Die Bayern sind anders. – alle Bayern

Ist die Bedeutung eines Nomens **eingeschränkt** (*limited*), benutzen wir den bestimmten Artikel:

***The man I saw** was drunk.* Der Man, den ich sah, war betrunken. – ein bestimmte Mann
***The Irish** fans were fine.* Die irischen Fans waren in Ordnung. – bestimmte Fans

Ferner wird der **bestimmte Artikel** in den folgenden Fällen und Wendungen im Englischen – anders als im Deutschen – **nicht gebraucht**:
***Most** people are friendly.* Die meisten Leute sind freundlich. – vor *most*

Helga is ***at school***. Helga ist in der Schule. – bei öffentlichen Gebäuden
Außer es ist eine bestimmte Schule o. Ä. gemeint:
About 750 students aged between 10 and 19 are enrolled ***at the school***.
He smokes ***before breakfast***. Er raucht vor dem Frühstück. – bei Mahlzeiten
We are going ***by bus***. Wir fahren mit dem Bus. – bei Verkehrsmittel
Ben lives ***in Church Street***. Ben wohnt in der Kirchstraße. – bei Straßennamen
I can come ***on Tuesday***. Ich kann am Dienstag kommen. – bei Wochentagen
The meeting is ***in May***. Die Sitzung ist im Mai. – bei Monaten

! **Beachten Sie:** Im Englischen wird der bestimmte Artikel **nach** *all* und *half* benutzt:

Have you cleaned ***all the rooms***? Haben Sie alle Zimmer geputzt?
She only cleaned ***half the windows***. Sie putzte nur die Hälfte der Fenster.

there
Die Anwendung von there ist ein richtiger Stolperstein. An Hand von ***there*** + **einer Form von** *be* stellen wir fest, dass irgendetwas **passiert** ist, **vorhanden** ist oder einfach **existiert**:

There was *a storm yesterday.* Gestern **gab es** einen Sturm. – etwas passierte.
There is *some wine in the cellar.* **Es ist** etwas Wein im Keller. – etwas ist vorhanden.
Is there *any hope?* **Gibt es** irgendwelche Hoffnung? – etwas existiert oder nicht.

! Achten Sie auf die **Schreibweise**: ***there*** „da“, ***their*** „ihr“, ***they're*** „sie sind“.

think – *thought* – *thought* denken, meinen

this/these, that/those
Der Gebrauch von *this/these* („dieser"/„diese"/„dieses") und *that/those* (eigentlich „jener"/„jene"/„jenes") ist deshalb zu einem Stolperstein geworden, weil der deutsche Gebrauch sich verändert hat. Wie dem auch sei, die Pronomen ***this*** (Singular) und ***these*** (Plural) benutzen wir bei **in der Nähe** befindlichen Personen oder Sachen, und ***that*** (Singular) und ***those*** (Plural) bei **weiter entfernten** Personen oder Sachen:

***This** car (here) is Ann's.* Dieses Auto (hier) ist Anns.
***These** books (here) are new.* Diese Bücher (hier) sind neu.

***That** bike (over there) is broken.* Dieses Rad (da drüben) ist kaputt.
***Those** eggs (over there) are bad.* Diese Eier (da drüben) sind schlecht.

! **Beachten Sie**, dass wir ***this/these***, that/those auch zeitlich benutzen können:

*You've gone too far **this time**.* **Diesmal** bist du zu weit gegangen.
*Life in Algeria is hard **these days**.* Das Leben in Algerien ist hart **heutzutage/momentan**.

***At that time** I lived in London.* **Damals** wohnte ich in London.
*Life was different **in those days**.* **Früher** was das Leben anders.

throw *– threw – thrown* werfen

tights Strumpfhose ↗ Paarwörter

Verwendung von **Titeln** *use of titles*
Mit Ausnahme von Ärzten und Ärztinnen ist der Gebrauch von **akademischen** Titeln – also *Dr*, *Professor* (↗ auch unter ***Mr***) – im „Normalleben" verpönt. **Adlige** und **militärische** Titel dagegen werden eifrig verwendet, auch im Pub. **Beachten Sie** diesen großen Stolperstein:

Titel + Name	Anrede	Bemerkungen
Sir John Carr	*Sir John*	NICHT ~~Sir Carr~~
Lady Ann Carr	*Lady Carr*	Ehefrau von *Sir John*, formell
	Lady Ann	Ehefrau von *Sir John*, informell
Dame Fiona Carr	*Dame Fiona*	weibl. Entsprechung von *Sir*, also selbst verdient; der Ehemann einer *Dame* erhält **keinen** Titel
Lord Carr	*Lord Carr*	Mitglied des Oberhauses (*House of Lords*)
Lady Carr	*Lady Carr*	Ehefrau von *Lord Carr* **oder** Mitglied des Oberhauses
General Carr	*General*	

too/either
In der Bedeutung „auch“ ist der Sinn von *too* und *either* identisch. Sie werden aber **je nach Satzart** unterschiedlich eingesetzt. **Beachten Sie** auch das **Trennkomma**:

*I like you, **too**.* Ich mag Dich **auch**. – bejahte Aussage: *too*
*Do you like Ben, **too**?* Magst du Ben **auch**? – Frage: *too*
*I don't like Ben, **either**.* Ich mag Ben **auch nicht**. – verneinte Aussage: *either*

tooth Zahn ↗ unregelmäßiger Plural, 1

träumen von *We're **dreaming about** a home of our own.* ↗ Verb + Präposition-Verbindungen

trousers Hose ↗ Paarwörter

try versuchen, sich anstregen – *I **tried to phone** you twice yesterday.* ↗ Verb + Verb-Verbindungen

tweezers Pinzette ↗ Paarwörter

U

übersehen *overlook* ↗ falsche Freunde

ugly hässlich ↗ Adjektive auf *-ly*

Uhrzeit

Für Uhrzeiten von 00.00 bis 12.00 benutzen wir ***a.m./am*** (*ante meridiem*, lateinisch „vormittags") und für Zeiten von 12.00 bis 00.00 ***p.m./pm*** (*post meridiem*, lateinisch „nachmittags").
Bei **vollen Stunden** können wir *o'clock* (= *of the clock*) benutzen. Dann entfällt allerdings am/pm:
It's 10 o'clock. Es ist 10 Uhr/22 Uhr.
It's 10 am. Es ist 10 Uhr.

Die **viertelstündigen Schritte** werden mit *(a) quarter past*, *half past* und *(a) quarter to* ausgedrückt:
*It's **(a) quarter past** two.* Es ist **viertel nach** zwei.
*It's **half past three**.* Es ist **halb vier**.
*It's **(a) quarter to nine**.* Es ist **viertel vor** neun.

Die **fünfminütigen Schritte** können mit oder ohne die Angabe ***minutes*** ausgedrückt werden:
*It's **twenty** (minutes) **past eight**.* Es ist **zwanzig** (Minuten) **nach acht**.
*It's **twenty-five** minutes **to seven**.* Es ist **fünfundzwanzig** (Minuten) **vor sieben**.

Bei den **Zwischenzeiten**, also den einminütigen Schritten, müssen wir ***minutes*** hinzufügen:
*It's twenty-three **minutes** past eleven.* Es ist dreiundzwanzig **Minuten** nach elf.
*It's seven **minutes** to three.* Es ist sieben **Minuten** vor drei.

Beachten Sie diese Ausdrücke:
What time is it? **oder** *What's the time?* Wie spät ist es?
at *eleven (o'clock)* **um** elf Uhr
about *eleven (o'clock)* **gegen** elf Uhr

Umgangsformen *social conventions*

Begrüßung *greeting* Wenn Sie jemandem **zum ersten Mal** begegnen, sagen Sie *How do you do?* Dieser Formel entspricht etwa die deutsche Aussage „Freud mich, Sie kennen zu lernen.“ Wenn jemand Ihnen *How do you do?* sagt, dann wiederholen Sie dieselbe Formel:

My name's Ben Harper. ***How do you do?***
How do you do, *Ben/Mr Harper? I'm Keziah Jones.*

Beachten Sie jedoch, dass Personen desselben Alters bzw. Ranges (*status*) oft einfach *Hello* oder sogar *Hi* sagen, normalerweise mit *Nice to meet you.*

Hello. *I'm Ben Harper.*
Hi, *Ben. I'm Keziah Jones.* ***Nice to meet you.***

Wenn Sie jemanden, den Sie schon kennen gelernt haben, **nach einiger Zeit wieder treffen**, dann sagen Sie *How are you?* (Wie geht es Ihnen/Dir?). Wenn Ihnen jemand *How are you?* sagt, dann sagen Sie *I'm fine/all right, thanks. And you?* „Es geht mir gut, danke. Und Ihnen/Dir?“:

Hi, Keziah. ***How are you?***
I'm fine, thanks, *Ben.* ***And you?***

Verabschiedung *leave taking*

Die englische Entsprechung für „Auf Wiedersehen“ und „Auf Wiederhören“ lautet *goodbye*. Wenn Sie jemanden, den Sie **gerade erst kennen gelernt** haben, verabschieden, fügen Sie normalerweise *It was nice/a pleasure to meet you(,too)* „Es war nett, Sie kennen zu lernen.“ hinzu:

Goodbye, *Keziah.* ***It was nice to meet you.***
Goodbye, *Ben.* ***It was nice to meet you, too.***

Andere Formen von *goodbye* sind *bye-bye*, *'bye* and – besonders **am Telefon** – *'bye now*. „Tschüss“ auf englisch ist *cheerio*.

Umrechnungstabelle, US-Einheiten *conversion table, US units* ↗ Maßeinheiten, 2

understand – *understood* – *understood* verstehen

unfortunately leider ↗ Adverbstellung

unluckily unglücklicherweise ↗ Adverbstellung

Unpersönliches Passiv *impersonal passive*
Möchten wir uns neutral und unbeteiligt ausdrücken können wir das unpersönliche Passiv, benutzen:
It is said that *the minister wants to resign.*
Man sagt, dass der Minister zurücktreten will.
It was thought that *he had left the country.*
Man dachte, dass er das Land verlassen hatte.
It has been rumoured *for weeks* ***that*** *she has been having an affair.*
Man munkelt seit Wochen, dass sie eine Affäre hat.

Unregelmäßiger Plural *irregular plural*
Da die englische Pluralbildung sonst relativ problemlos ist, entpuppen sich die wenigen Unregelmäßigkeiten immer wieder als Stolpersteine.

1 Eine relativ kleine Gruppe von **Nomen** haben einen **unregelmäßigen Plural**, wie folgt:

child – Three ***children*** *are missing*. Drei Kinder fehlen.
man – Two ***men*** *had an accident*. Zwei Männer hatten einen Unfall.
woman – Most of the workers are ***women***. Die meisten der Arbeiter sind Frauen.

foot – Why don't you wash your ***feet****?* Warum wäschst du nicht deine Füße?
goose – There are 29 ***geese*** *in the field*. Es gibt 29 Gänse im Feld.
tooth – He lost two ***teeth*** *in the fight*. Er verlor zwei Zähne bei der Schlägerei.

louse – This dog has got ***lice***. Dieser Hund hat Läuse.

mouse – Our cat kills a lot of ***mice***. Unsere Katze tötet viele Mäuse.

> **!** *Infra-red* ***mouses*** *are great.*
> Infrarot-Mäuse sind toll.

2 Einige Nomen haben **die gleiche Form** im Singular und im Plural:

Chinese – We met two ***Chinese***. Wir haben zwei Chinesen kennengelernt.
Japanese – Three ***Japanese*** *are visiting us today.* Heute besuchen uns drei Japaner.
Portuguese – Four ***Portuguese*** *are in our group.* Vier Portugiesen sind in unserer Gruppe.
Swiss – Two ***Swiss*** *won the race.* Zwei Schweizer haben das Rennen gewonnen.

aircraft – Two ***aircraft*** *collided.* Zwei Flugzeuge sind zusammengestoßen.
spacecraft – The USA is building five ***spacecraft***. Die USA baut fünf Raumfahrzeuge.

fish – Ben caught five ***fish***. Er fing fünf Fische.
fruit – I eat a lot of ***fruit***. Ich esse viel Obst.
sheep – Ten ***sheep*** *died in the snow.* Zehn Schafe starben im Schnee.
↗ zählbare und nicht zählbare Nomen; ↗ Paarwörter

etw. **ungern** tun *do sth. reluctantly* ↗ gern

Unregelmäßige Steigerung *irregular comparisons*
Eine kleine Zahl von **Adjektiven** und **Adverbien** (↗ Adjektive und Adverbien) werden **unregelmäßig** gesteigert:

Adjektive
bad schlecht, schlimm ***worse*** > ***worst***
far weiter ***further*** > ***furthest***
good gut ***better*** > ***best***
many/much/a lot of viel(e) ***more*** > ***most***

some einige ***more*** > ***most***
(a) few/(a) little wenig(e) ***less*** > ***least***

Adverbien
badly schlecht, schlimm ***worse*** > ***worst***
well gut ***better*** > ***best***

unregelmäßige Verben *irregular verbs*
Es gibt ungefähr 85, oft sehr geläufige englische Verben, die ihre Vergangenheitsformen „unregelmäßig" bilden. Regelmäßige Verben bilden ihre Vergangenheit mit der Endung *-ed*, z. B. lieben *love*, liebte *loved*, geliebt *loved*. Eines der bekanntesten unregelmäßigen Verben ist gehen: *go*, ging *went*, gegangen *gone*. Die meisten der anderen unregelmäßigen finden Sie auch in diesem Buch.

Unternehmer/in *entrepreneur* ↗ falsche Freunde

unterscheiden von *Your opinion **differs from** mine.* ↗ Verb + Präposition-Verbindungen

used to (*used to play*) ↗ die Vergangenheit

US-Maßeinheiten *US units of measure* ↗ Maßeinheiten, 1

V

Verabschiedung ↗ Umgangsformen

Verb-Verbindungen *phrasal verbs*
Die englischen ***phrasal verbs*** sind einer der größten Stolpersteine überhaupt – eine Liste der wichtigsten mit jeweils einem Beispielsatz folgt im Anschluss. Sie sind **feste Verbindungen**, die aus einem **Verb + Adverb** bestehen – z. B. *to break down* eine Panne oder einen Nervenzusammenbruch haben; *to call in* besuchen, vorbeischauen; *to look up* nachschlagen. Es gibt auch noch Verbindung ***phrasal verb*** + ***at***,

of, ***to***, ***down***, ***out*** ..., z. B. *to get out of* aussteigen; *to look forward to* sich freuen auf, *to do away with* etwas abschaffen, loswerden.

Beachten Sie: Da es selten möglich ist, die Bedeutung eines *phrasals* von den einzelnen Wörtern einwandfrei zu erschließen, müssen sie als eine Einheit gelernt werden.

Die gängigsten *phrasal verbs*

The children were ***brought up*** *very strictly.* erziehen
Bill Gates has ***built up*** *the world's richest company.* aufbauen
Raise your hand when I ***call out*** *your name.* ausrufen
Stop screaming and ***calm down****.* sich beruhigen
We will ***carry out*** *out the work next week.* durchführen
I must ***clear up*** *the kitchen.* aufräumen
He ***went out*** *and didn't come back for hours.* (hinaus)gehen
I can see you now. Please ***come in****.* hereinkommen
The old man ***fell down/fell over*** *on the ice.* hin-/umfallen
Have you ***found out*** *who called us last night?* herausfinden
Don't ***get on*** *the train until I say.* einsteigen
Don't ***get off*** *the train until it stops.* aussteigen
Don't Ben and Jane ***get on with*** *each other?* miteinander auskommen
You must ***get up*** *now or you'll miss your train.* aufstehen
He never ***gives in*** *in an argument.* nachgeben
Ben always ***gives up*** *at the first difficulty.* aufgeben
The baby ***went on*** *screaming for hours.* andauern
Jane ***grew up*** *in the country.* aufwachsen
I can't stand people who ***keep on*** *complaining.* etwas immer weiter tun
You have ***left out*** *a word here.* weglassen
We'll have to ***look after*** *old Mrs Coe on the journey.* sich kümmern um
Look out *for that car!* aufpassen
Can you ***make out*** *what that notice says?* erkennen
Can you ***pick up*** *the children today?* abholen
You can ***put away*** *your books now.* wegräumen

It's raining. Don't you want to ***put on*** *a coat?* anziehen
I can't ***put up*** *with this behaviour.* sich gefallen lassen
Whenever you ask Ben to do something, he feels ***put upon****.* ausnutzen
We must ***set off*** *for the airport very early tomorrow.* aufbrechen
Can you ***speak up****, please? I can't hear you.* lauter sprechen
We let the children ***stay up*** *on Saturdays.* aufbleiben
Switch/turn off *the lights when you leave* ausschalten
Can you ***switch/turn on*** *the TV, please?* anschalten
You should always ***try on*** *shoes before buying them.* anprobieren
I'm on the phone. ***Turn down*** *the radio, please.* leiser stellen
The boss ***turned down*** *the idea immediately.* ablehnen
Turn up *the radio. I want to listen to the news.* lauter stellen
Ben ***turned up*** *an hour late, of course.* auftauchen
Keep quiet. You'll ***wake up*** *the dead.* aufwecken
John didn't ***wake up*** *until lunchtime.* aufwachen
We always ***wash up*** *immediately after a meal.* spülen
Can you ***work out*** *this calculation in your head?* ausrechnen
Write down *your name and address here, please.* aufschreiben

Verb + Präposition-Verbindungen *prepositional verbs*
Wir benutzen eine Reihe von Präpositionen **in fester Verbindung** mit Verben. Die gängigsten Wendungen, die oft vom deutschen Gebrauch abweichen sind in diesem Buch enthalten, z. B.: glauben **an** *believe* ***in***, kümmern **um** *deal* ***with,*** verlassen **auf** *rely* ***on*** etc. Sie gehören zu den ganz fiesen Stolpersteinen des Englischen.

Verb + Verb-Verbindungen *verb + verb combinations*
Eine Reihe von Verben werden mit anderen Verben verbunden, um **Verb + Verb-Verbindungen** zu bilden, z. B.:
Jane ***wants to buy*** *a new scooter.* Jane **will** einen neuen Roller **kaufen**.
Can you ***imagine living*** *in a foreign country?* Kannst du Dir **vorstellen**, im Ausland **zu leben**?

Einige diese Verbindungen müssen mit dem *to*-Infinitiv, einige mit der *-ing*-Form gebildet werden.
Eine Gruppe kann sowohl mit dem *to*-Infinitiv als auch mit der *-ing*-Form stehen, allerdings in beiden Fällen mit unterschiedlicher Bedeutung.

! Nach den Verben *begin*, *continue* (etwas weiterhin machen), *intend* (beabsichtigen) und *start* kann der ***to*-Infinitiv** oder die **-*ing*-Form** beliebig verwendet werden:
Ann ***began to learn/learning*** *German when she was 15.*
Ben and Ann ***intend to marry/marrying*** *soon.*

Verb + *to*-Infinitiv oder -*ing*-Form je nach Bedeutung
– Wenn von einer **allgemeingültigen Situation** die Rede ist, folgt auf diese Verben die **-*ing*-Form**: *like/dislike*, *love/hate*, *prefer* (vorziehen) Handelt es sich aber um eine **Ausnahmesituation**, dann verwenden wir den ***to*-Infinitiv**:
Ann ***normally likes eating*** *out, but today she would* ***prefer to eat*** *at home.*

– Handelt es sich um **einen konkreten Einzelfall**, erfordern diese Verben **ein Objekt + den *to*-Infintiv**: *advise* (beraten), *allow/permit* (erlauben), *encourage* (ermutigen), *forbid*, *recommend* (empfehlen)
The boss ***allowed us to go*** *home early yesterday.*
Gestern **erlaubte uns** der Chef, früher nach Hause **zu gehen**.
I ***advise you to see*** *a doctor at once.*
Ich **ratę Dir**, sofort einen Arzt **aufzusuchen**.

– Wenn es sich aber um **eine allgemeine Situation** handelt, dann steht das nachfolgende Verb in der **-*ing*-Form**:
Most firms ***do not permit drinking*** *at work.*
In den meisten Firmen ist **das Trinken während der Arbeitszeit nicht gestattet**.
We always ***recommend asking*** *for professional advice.*
Wir **empfehlen** immer, professionellen Rat **zu suchen**.

– Die Verbindung ***forget/remember*** + **-*ing*-Form** bezieht sich auf die **Vergangenheit**. Sie drückt etwa die Idee „Ich werde nie vergessen …“ aus:

*Do you **remember meeting** Meryl Streep in Berlin?*
Kannst du dich daran **erinnern**, als wir Meryl Streep in Berlin **trafen**?
*I'll **never forget seeing** my wife for the first time.*
Ich werde nie **vergessen**, als ich meine Frau zum ersten Mal **sah**.

– Die Verbindung ***forget/remember* + *to*-Infinitiv** dagegen bezieht sich auf die **Zukunft**. Sie drückt etwa die Idee aus „Ich darf bloß nicht vergessen, etwas zu tun":
*Ben, please **remember/don't forget to fetch** the children.*
Ben, bitte **denk daran/vergiss nicht**, die Kinder **abzuholen**.

– Die Verbindung ***regret* + *-ing*-Form** drückt Bedauern über eine vergangene Situation bzw. einen vergangenen Vorfall aus. In der Regel handelt es sich dabei um verpasste Chancen:
*I really **regret leaving** school without qualifications.*
Ich **bedaure** wirklich, dass ich die Schule ohne Abschluss **verlassen habe**.

– Die Verbindung **regret + *to*-Infinitiv** – fast immer mit einem Verb des Mitteilens wie *inform*, *say*, *tell* kombiniert – drückt eine schlechte Nachricht aus:
*We **regret to inform** you that the vacancy has now been filled.*
Wir **bedauern Ihnen mitzuteilen**, dass die freie Stelle jetzt besetzt ist.

– Bedeutet ***stop*** „aufhören, etwas zu tun", steht das nachfolgende Verb in der ***-ing*-Form**:
*You really **must stop smoking**.*
Sie müssen wirklich **aufhören zu rauchen**.

– Bedeutet aber ***stop*** „innehalten/unterbrechen, um etwas anderes zu tun", folgt ein Verb im **Infinitiv**:
*Can you please **stop to buy** some bread?*
Kannst du bitte **anhalten**, um Brot **zu kaufen**?

– Bedeutet ***try*** „irgendetwas versuchen", steht das nachfolgende Verb **in der *-ing*-Form**:

*I **tried phoning** you, but there was nobody at home.*
Ich **versuchte** Dich **anzurufen**, aber keiner war zu Hause.

– Bedeutet aber ***try*** „sich bemühen/anstrengen, etwas zu tun", folgt ein Verb **im Infinitiv**:
*We'll **try to deliver** the goods by midday.*
Wir werden uns **bemühen**, die Waren bis mittag **zu liefern**.

Vergangenheit *the past*

Möchten wir über die Vergangenheit reden, gibt es im Englischen je nach Anlass sechs Möglichkeiten:

1 Für **völlig abgeschlossene** Handlungen bzw. Situationen benutzen wir das ***simple past*** (einfache Form der Vergangenheit):
*I **washed** the car **yesterday**.* Gestern habe ich das Auto gewaschen.
*I **saw** Jane at a meeting **last Monday**.* Ich sah Jane bei einer Sitzung letzten Montag.
▶ Daher kommt das ***simple past*** mit folgenden **Zeitangaben** oft vor:
yesterday – the day before yesterday
yesterday afternoon/evening/…
***last** night/Saturday/week/month/July/spring/Easter/…*
*two/three/… days/weeks/months/years **ago***
in 2001/…
at that time – in those days

sowie **adverbiale Ausdrücke** (*adverbial phrases*) mit ***when*** + *simple past*, wie
***when** she **was** a child* als sie ein Kind war
***when** I **went** to school* als ich die Schule besuchte
***when** we **lived** in London* als wir in London wohnten

2 Möchten wir ausdrücken, dass eine Handlung zu einem bestimmten **Zeitpunkt** oder während eines bestimmten **Zeitraumes im Gange war**, benutzen wir das ***past progressive***:

*I **was cooking** the lunch **at 12 o'clock yesterday**.* – Zeitpunkt
Ich kochte gestern um 12 Uhr (gerade) Mittagessen.
*Ben and Ann **were dancing** together **all evening**.* – Zeitraum
Ben und Ann tanzten den ganzen Abend miteinander.

Wir benutzen das *past progressive* auch, um zu verdeutlichen, dass eine Handlung gerade im Gange war, als ein neues Ereignis (plötzlich) eintrat:
*I **was driving** home **when** the bomb (suddenly) **exploded**.*
Ich fuhr (gerade) nach Hause, als die Bombe (plötzlich) explodierte.
↗ Verlaufsform

3 Hat ein Ereignis, das gerade oder neulich passiert ist, eine **bestimmende Auswirkung** auf die Gegenwart, dann benutzen wir das ***present perfect:***
*Tom can't play today. He **has broken** his leg.*
Tom kann heute nicht spielen. Er hat sein Bein gebrochen.
*Is Ben free today? I **have just seen** him at the station.*
Hat Ben heute frei? Ich habe ihn gerade am Bahnhof gesehen.

! In solchen Fällen benutzt man im **amerikanischen Englisch** das ***simple past***.

4 Möchten wir verdeutlichen, dass eine Handlung bzw. Situation **in der Vergangenheit bereits vorbei war**, als ein andere – jetzt ebenfalls abgeschlossene – Handlung **anfing**, benutzen das ***past perfect***:
*When Dad got home we **had already eaten**. – past perfect*
Als Dad zu Hause ankam, hatten wir (bereits) gegessen.
Vergleichen Sie:
*When Dad got home we **ate**. (simple past)*
Als Dad zu Hause ankam, aßen wir.

5 Möchten wir verdeutlichen, dass eine **in der Vergangenheit angefangene Handlung** bis zu einem **bestimmten Zeitpunkt in der Vergangenheit** andauerte, benutzen wir das ***past perfect progressive***:

*The patient **had been waiting** for hours before a doctor appeared.*
Der Patient hatte stundenlang gewartet, bevor ein Arzt erschien.
↗ Verlaufsform

6 Möchten wir über eine **frühere Situation oder Gewohnheit**, die sich vermutlich **nie wiederholen wird**, reden, können wir die Struktur ***used to*** + **Infinitiv** des Vollverbs benutzen:
*Life **used to be** simpler but not so interesting*. Situation
Damals war das Leben einfacher, aber nicht so interessant.
*I **used to play** a lot of football*. Gewohnheit
Früher habe ich viel Fußball gespielt.

Verlaufsform *progressive* oder *continuous form* Die **Verlaufsform** wird mit der entsprechenden **Zeit von** ***be*** und der **-*ing*-Form des Vollverbs** gebildet:

progressive-Zeit	Zeit von *be*	-*ing*-Form
present progressive	*am/is/are*	*playing*
past progressive	*was/were*	*living*
present perfect progressive	*have/has been*	*waiting*
past perfect progressive	*had been*	*talking*
future progressive	*will be*	*flying*
future perfect progressive	*will have been*	*working*

Beachten Sie: Normalerweise haben die folgenden Verben **keine** Verlaufsform:

believe – doubt – feel in der Bedeutung „meinen" – *hate – hear* in der Bedeutung „hören", nicht aber „erfahren" – *imagine – know – like/dislike – love – mean – notice – prefer – realize – recognize – remember – see* in der Bedeutung „begreifen" – *seem – suppose – think* in der Bedeutung „meinen" – *understand – want – wish*

↗ die Gegenwart; ↗ die Vergangenheit; ↗ die Zukunft

Vergleich ↗ ***as ... as/not as ... as, than***

Verneinung *the negative*
Wie bei der **Fragebildung** ist es im Englischen **nicht** möglich, ein Verb zu verneinen **ohne ein Hilfsverb**.
▶ In manchen deutschen Sätzen ist schon ein Hilfsverb vorhanden; die deutschen Sätze sind den englischen sehr ähnlich:
Ann ***cannot swim****.* Ann **kann nicht schwimmen.** *can* + *not* + Infinitiv
Ben ***is not*** *here.* Ben **ist nicht** hier. *be* + *not*
Jane ***has not arrived*** *yet.* Jane **ist** noch **nicht angekommen**. *has* + *not* + 3. Form

▶ Kommt aber im deutschen Satz kein Hilfsverb vor, müssen wir die Hilfsverben *do/does* (Gegenwart) und *did* (Vergangeheit) als **Ersatzhilfsverben** einsetzen:
We ***do not live*** *in England.* Wir **wohnen nicht** in England. *simple present*
Ben ***does not work*** *here now.* Ben **arbeitet nicht** mehr hier. *simple present*
Jane ***did not get*** *the job.* Jane **bekam** die Stelle **nicht**. *simple past*
Do not make *so much noise.* **Mach nicht** so viel Lärm. *imperative* (Befehlsform)

vernier callipers Mess-Schieber ↗ Paarwörter

vertrauen auf, verlassen auf *You can't* ***rely on*** *good weather.* ↗ Verb + Präposition-Verbindungen

von
Um einen Verursacher zu benennen benutzt man immer *by* – **auf keinen Fall** *from.*
The drugs were found ***by the police dog*** *at once.*
Die Drogen wurden **von dem Polizeihund** sofort gefunden.

Verwendung von **Vornamen** *use of first names*
Generell werden Vornamen im englischsprachigen Raum viel schneller und neutraler als im deutschsprachigen verwendet, oft gleich bei der ersten Begegnung. Im heutigen Gebrauch gilt dies auch für Frauen, unabhängig vom Alter. Die Verwendung von Vornamen entspricht aber **auf keinen Fall** etwa der deutschen *du*-Form oder der französischen *tu*-Form und drückt auch keine besonders freundschaftliche oder sogar intime Beziehung aus.

Vollkorn-/Vollwert- Vollwertkost *wholefood*, Vollkornbrot *wholemeal bread*

Vorstellungen ↗ Umgangsformen

vote for wählen – *Which party will you **vote for**?*
vote on abstimmen über – *We'll **vote on** the motion now.* ↗ Verb + Präposition-Verbindungen

W

wählen *Which party will you **vote for**?* ↗ Verb + Präposition-Verbindungen

wait for warten auf, erwarten – *I **waited for** his call until 10 pm.* ↗ Verb + Präposition-Verbindungen

wake – *woke* – *woken* (auch: *wake waked waked*) aufwachen; *to wake sb.* jmd. aufwecken,

want (wollen) + Infintiv *We **want to go** home now.*

warn In der Bedeutung „jmd. davor warnen, etwas zu tun" benutzen wir *warn* immer mit einem **Objekt** und dem ***to*-Infinitiv**:
*The referee **warned Ben not to foul** again.*

warten auf, erwarten *I **waited for** his call until 10 pm.*
↗ Verb + Präposition-Verbindungen

wear – *wore* – *worn* tragen

Website-Anschrift *website address* (*URL – uniform resource locator*)
Bei der mündlichen Angabe von Website-Anschriften geben wir das Symbol/als ***slash*** wieder. Wie bei E-Mail-Anschriften nennen wir einen Trennpunkt **dot**.
Beispiel: www.bbc.co.uk/radio4
*double-you double-you double you **dot** bee bee see **dot** see ou **dot** you kay **slash** radio four*
↗ E-Mail-Anschriften

weiter(**hin**) ↗ dauernd

well ↗ unregelmäßige Steigerung

Wendungen ↗ deutsche Wendungen, ↗ englische Wendungen

what? ↗ Fragen, 2

what?, ***which? oder who?*** Der unterschiedliche Gebrauch von den drei Fragewörtern *what?*, which? und who? ist ein häufiger Stolperstein.
Fragen wir über eine **unbegrenzte Auswahl**, benutzen wir das Fragewort ***what?*** für Sachen und ***who?*** für Personen:
***What films** do you like?* **Welche Filme** hast du am liebsten? – unbegrenzt, Sachen
***Who** will help me?* Wer wird mir helfen? – unbegrenzt, Personen
Fragen wir aber über eine **begrenzte Auswahl**, dann verwenden wir ***which?*** – für Sachen und Personen:
***Which bus** goes to Greenwich?* **Welcher Bus** fährt nach Greenwich? – begrenzt, Sachen

Which boys *arrived late?* Welche Jungen kamen spät an? – begrenzt, Personen

when? wann? ↗ Fragen, 2

which? ↗ *what?*, *which?* oder *who?*

where? wo? ↗ Fragen, 2

whisky, whiskey Laut Gerichtsentscheidung haben nur schottische Hersteller das Recht, den Produktnamen ***whisky*** ohne **e** zu schreiben. Alle anderen, einschließlich der Iren, müssen die Schreibweise ***whiskey***, also mit **e**, benutzen. Aus irischer Sicht ist diese Entscheidung ungerecht, weil historisch unsinnig. Warum? Die ursprünglichen Bewohner Schottlands waren die *Picts*, die von den Iren erobert und vernichtet wurden. Daher sind die heutigen Schotten irischen Ursprungs. Es ist sogar dokumentarisch belegt, dass die irischen Siedler *whisky* nach Schottland mitgebracht haben.

who? wer? ↗ *what?*, *which?* oder *who?* ↗ Fragen, 2

whole ↗ *on the whole*

wholemeal Vollkornmehl, Vollkorn-... (Vollkornbrot – *wholemeal bread*)

wide Adverb mit <u>zwei</u> Formen und Bedeutungen:
Andreas's door was ***wide*** *open.* Andreas's Tür stand **weit** offen.
They have ***widely*** *differing interests.* Sie haben **sehr** unterschiedliche Interessen.

will ↗ falsche Freunde

***will*-Futur** ↗ Zukunft

win – *won* – *won* gewinnen

wire strippers Abisolierzange ↗ Paarwörter

wish for wünschen – *You can **wish for** three things.* ↗ Verb + Präposition-Verbindungen

woman Frau ↗ unregelmäßiger Plural, 1

would have ↗ *if*-Sätze

write – *wrote* – *written* schreiben

wünschen *You can **wish for** three things.* ↗ Verb + Präposition-Verbindungen

Z

zählbare und nicht zählbare Nomen *countable and uncountable nouns*

↗ *much/many, a lot of*; ↗ *few/a few, little/a little*

▶ Nomen **mit** einer Pluralform sind **zählbar**. Sie können mit Zahlen und dem unbestimmten Artikel *a/an* (= one) benutzt werden:

*I like **cars** with **five doors**.* Ich mag **Autos** mit **fünf Türen**.
*Can I have **an apple**, please?* Kann ich bitte **einen Apfel** haben?

▶ Nomen **ohne** eine Pluralform dagegen sind **nicht zählbar**. Sie können also nicht ohne weiteres mit Zahlen bzw. *a/an* benutzt werden:

*Children should eat **fruit**.* Kinder sollten **Obst** essen. (NICHT ~~*a fruit/fruits*~~)

▶ Möchten wir ein nicht zählbares Nomen quantifizieren, dann müssen wir eine geeignete zählbare Mengenangabe hinzufügen:
*We need **six bottles of wine** and **three crates of beer**, okay?*
Wir brauchen sechs Flaschen Wein und drei Kasten Bier, okay?

Weitere geläufige Mengenangaben sind: *a bag of* … ein Beutel … – *a bar of* … ein Riegel … – *a box of* … ein Schachtel … – *a can of* … eine Dose … – *a cup of* … eine Tasse … – *a glass of* … ein Glas … – *a jar of* … ein Glas … – *a packet of* … ein Päckchen … – *a pair of* … ein paar … – *a piece of* … ein Stück … – *a portion of* … eine Portion … – *a slice of* … eine Scheibe … – *a tin of* … eine Dose … – *a tube of* … eine Tube …

! **Beachten Sie unbedingt**, dass *advice* Rat, Ratschlag – *baggage/luggage* Gepäck – *damage* Schaden – *evidence* Beweis – *furniture* Möbel – *homework* Hausaufgaben – *housework* Hausarbeit – *information* Information, Auskunft – *news* Nachricht – *progress* Fortschritt – *research* Forschung und *work* Arbeit im Englischen – anders als im Deutschen – **nicht zählbar** sind:
*The **news** from the USA **is** not good.*
Die **Nachrichten** aus den USA **sind** nicht gut.
*Ann has made good **progress** in all subjects.*
Ann hat gute **Fortschritte** in allen Fächern gemacht.
*The **information** on page 23 **is** also important.*
Die **Informationen** auf Seite 23 **sind** auch wichtig.

▶ Wollen wir diese Nomen zählbar machen, benutzen wir *a piece of* … (formell) bzw. *a bit of* … (weniger formell):
*Three new **pieces of evidence show** the men are innocent.*
Drei neue **Beweise zeigten**, dass die Männer unschuldig sind.
*The lawyer gave me two useful **bits of advice**.*
Der Rechtsanwalt gab mir zwei nützliche **Ratschläge**.

Zahlen

Englische **Zahlen** enthalten einige Stolpersteine:

1 Bei den Kardinalzahlen sind die häufigsten Fehlerquellen:

a) die **Schreibweise** der Zahlen: 8 (*eight*), 13 (*thirteen*), 15 (*fifteen*), 18 (*eighteen*), 30 (*thirty*), 40 (*forty*) und 50 (*fifty*)

b) die Benutzung eines **Bindestriches** (**-**) in zusammengesetzten Zahlen unter 100: 25 (*twenty-five*), 38 (*thirty-eight*) 99 (*ninety-nine*)

c) das Einfügen von ***and*** unmittelbar vor der letzten Zahl bei Zahlen über 100: 303 (*three hundred* ***and*** *three*), 567 (*five hundred* ***and*** *sixty-seven*)

d) die Trennung der Großzahlen mit einem **Komma – nicht** einem Punkt! – bei Zahlen über 999: 2**,**567 (*two thousand***,** *five hundred and sixty-seven*), 317**,**809 (*three hundred and seventeen thousand***,** *eight hundred and nine*)

2 Bei den Ordinalzahlen werden häufig folgende Fehler gemacht:

a) Die Ordinalzahlen ***first*** (erste/r/s), ***second*** (zweite/r/s) und ***third*** (dritte/r/s) sind **unregelmäßig**. Sonst werden die Ordinalzahlen durchweg durch das Anhängen von -***th***: *four* > *four****th***, *thirteen* > *thirteen****th*** gebildet.

b) Wie bei der Pluralbildung wird -***y*** zum -***ie***: *twenty* > *twen****tieth***, *ninety* > *nine****tieth***.

c) Bei *eight* entfällt das -***t*** vor Anhängen von -***th***: *eight* > *eigh****th***

d) Bei *nine* entfällt das -***e*** vor Anhängen von -***th***: *nine* > ***ninth***

e) Bei *twelve* entfällt das -***e*** und -***v*** wird zum -***f***: *twelve* > *twel****fth***

3 Im Englischen werden **Dezimalzahlen** mit einem **Punkt** (**.**), nicht einem Komma, geschrieben: 0.4 > *nought/zero point four* (Null Komma Vier), 14.75: *fourteen point seven five* (Vierzehn Komma Sieben Fünf).

! Die Unterscheidung der Verwendung eines Kommas oder eines Punktes ist auf Grund der Schreibweise von Zahlen über 999 (z. B. *2,349*) wichtig, da hierzu ein Komma verwendet wird.

4 Vor allem in den USA werden **Brüche** (fractions) weiterhin benutzt, auch in technischen Texten. Hier sind die geläufigsten Brüche:

1/4 *a/one quarter* ein Viertel
1/2 *a/one half* eine Hälfte
3/4 *three-quarters* drei Viertel

1/3 *a/one third* ein Drittel
2/3 *two thirds* zwei Drittel

1/5 *a/one fifth* ein Fünftel
3/5 *three fifths* drei Fünftel
4/5 *four fifths* vier Fünftel

1/8 *a/one eighth* ein Achtel
3/8 *three eighths* drei Achtel
5/8 *five eights* fünf Achtel
7/8 *seven eights* sieben Achtel

1 1/4 *one* ***and a*** *quarter* eineinviertel
3 1/2 *three* ***and a*** *half* dreieinhalb
5 3/8 *five* ***and*** *three eighths* fünfdreiachtel

5 Bei **Jahreszahlen** ist Folgendes wichtig:

a) Das Wort ***hundred*** wird normalerweise **nicht** genannt: 1066 > *ten sixty-six*, 1745 > *seventeen forty-five*, 1998 > *nineteen ninety-eight* **ABER** 1500 > *fifteen hundred*, 1900 > *nineteen hundred*
b) In der jetzigen Praxis wird ***thousand and*** bei Jahreszahlen über 2000 eingesetzt: 2001 > *two* ***thousand and*** *one*, 2008 > *two* ***thousand and*** *eight*. Es ist aber schon abzusehen, dass das Wort ***twenty*** sich schließlich durchsetzt, z. B. 2012 > ***twenty*** *twelve*, 2020: ***twenty*** *twenty*.

Die Zukunft *the future*

Reden wir über die **Zukunft**, gibt es vier Möglichkeiten uns – je nach Absicht – auszudrücken.

1 Das ***will*-Futur** benutzen wir für

– **zukünftige Situationen/Ereignisse**, die der Sprecher nicht selbst beeinflussen kann:
*Taxes and prices **will rise**.*
Die Steuer und Preisen werden zunehmen.
– **Erwartungen**:
*I expect they **will deliver** the books tomorrow.*
Ich gehe davon aus, dass sie die Bücher morgen liefern werden.
– **Hoffnungen**:
*I hope Susie **will visit** us soon.*
Ich hoffe, dass Susie uns bald besuchen wird.
– **Voraussagen**:
*I heard it **will snow** tomorrow.*
Ich hörte, dass es morgen schneien wird.
– **spontane, ungeplante Entscheidungen**:
*I know – **I'll ask** Harry if I can borrow his cellphone.*
Ich weiß – ich frage Harry, ob ich sein Handy ausleihen kann.
▶ **Daher** kommt das ***will*-Futur** oft mit den **folgenden einleitenden Verben** vor:
believe hier: meinen – *expect* erwarten – *feel* hier: meinen – *forecast* vorhersagen – *hope* hoffen – *imagine* hier: vermuten – *suppose* vermuten – *think* hier: meinen

2 Das ***going to*-Futur** benutzen wir für

– **zukünftige Pläne/Absichten**, die auch definitiv durchgeführt werden:
*We **are going to buy** a new computer.*
Wir werden einen neuen Computer kaufen.
*Jane **is going to look for** a better job.*
Jane plant, sich eine bessere Stelle zu suchen.
– **Ereignisse,** die im Augenblick des Sprechens **offensichlich bald** eintreten werden:
*Those black clouds say it**'s going to rain any moment**.*
Diese schwarzen Wolken sagen, dass es jeden Augenblick regen wird.

If Ben doesn't stop drinking, Ann ***is going to leave*** *him.*
Wenn Ben nicht aufhört zu trinken, wird Ann ihn verlassen.

3 Das ***present progressive*** + **eine Zeitangabe der zukünftigen Zeit** benutzen wir für **schon terminierte** Vorkehrungen:
We ***are giving*** *a party* ***next weekend****.*
Nächstes Wochenende geben wir eine Fete.
Our neighbour ***is returning*** *from the USA* ***tomorrow****.*
Morgen kehrt unser Nachbar aus den USA zurück.

4 Genau wie im Deutschen, benutzen wir das ***simple present*** für **Fahrpläne, Spielpläne** usw.:
Our bus ***leaves at 9 am tomorrow****.*
Unser Bus fährt morgen um 9 Uhr.

zustimmen *Ann always* ***agrees with*** *the boss. I can't* ***agree to*** *that idea.* ↗ Verb + Präposition-Verbindungen

Register